UG881415

中国高校艺术专业技能与实践系列教材

立体构成

第3版

主　编　徐世玉

副主编　刘　英　王亚冰

人民美術出版社

北京

图书在版编目（CIP）数据

立体构成 / 徐世玉主编；刘英，王亚冰副主编. 3版. -- 北京：人民美术出版社，2025. 6. -- (中国高校艺术专业技能与实践系列教材). -- ISBN 978-7-102-09694-0

Ⅰ. J06

中国国家版本馆CIP数据核字第20259J983N号

立体构成 LITI GOUCHENG
中国高校艺术专业技能与实践系列教材
ZHONGGUO GAOXIAO YISHU ZHUANYE JINENG YU SHIJIAN XILIE JIAOCAI

出　版：人民美术出版社
地　址：北京市朝阳区东三环南路甲3号 100022
网　址：www.renmei.com.cn
电　话：发行部：（010）67517791
网购部：（010）67517604

主　编：徐世玉
副主编：刘　英　王亚冰
责任编辑：李春立
封面设计：王　珏
责任校对：朱康莉
责任印制：胡雨竹
印　刷：北京印刷集团有限责任公司
经　销：全国新华书店
版　次：2012年5月　第1版
2021年12月　第2版
2025年6月　第3版
印　次：2025年6月　第1次印刷
开　本：787毫米×1092毫米　1/16
印　张：6
ISBN 978-7-102-09694-0
定　价：58.00

目 录

第一章
什么是立体构成

第一章　什么是立体构成

在人们生活的三维空间中，形态各异的物品都有其各自的结构、造型特点。立体构成就是对大千世界中各种立体形态的结构、造型、变化的规律、构成的方法和所用的材料进行研究。古代的建筑、雕塑等艺术形式中已蕴含着立体构成的朴素思想。

1919年，德国包豪斯学院成立，这是立体构成发展的重要里程碑。随着科技的进步和社会的发展，立体构成在不同领域呈现出多元化的发展趋势，其不再局限于传统的几何形态和材料，开始融入更多的文化元素和情感表达。在当代艺术领域，艺术家们不断尝试新的材料和技术，如数字技术、3D打印等，为立体构成带来了更多的可能性。

体块有错位感的凹凸效果，使建筑外观活泼而浪漫

倾斜的曲面造型极富动感

以线材的积聚形成空间立体形态

第一节　立体构成概述

一、立体构成的概念

立体构成是一门研究在三维空间中如何将立体造型要素按照一定的原则组合成具有美

感和特定功能的立体形态的学科。它是以一定的材料和技术为基础，将点、线、面、体等形态元素，按照功能、美学原则和形式法则，在三维空间中进行组合、重构，创造出具有立体感、空间感和美感的三维形态的设计活动。

立体构成不仅关注物体的外在形态，还注重形态与空间、材料、质感等要素之间的关系，以及它们所传达出的情感和意境。通过对立体构成的学习、实践和大量的构成训练，能够让设计师习惯于从立体的角度去思考，加强立体的造型观念和意识，培养设计师的空间想象力、创造力和造型能力，最终启发创新意识，为各类设计领域提供坚实的基础。例如，产品设计、包装设计、工业设计、展示设计、环境艺术设计、建筑设计等都涉及立体形态的设计，都属于立体设计领域。

二、为什么要学习立体构成

通过对立体构成的学习，设计师能掌握立体造型的基本方法，掌握形态构造的技能，了解不同材料的属性和加工方法，体验形式美的法则，认识并运用立体设计的基本原理，使形体组织、形体搭配、形态与空间之间的结合达到能创造更符合人的综合要求的立体形态的目的。学习立体构成能启发设计师的空间想象力，提高设计师创造立体形态的构思能力和立体表现的技巧。也就是说，一方面要注重训练设计师对立体形态构造的构思能力和表现技巧，另一方面也要培养设计师对空间形态美的视觉感知能力，提高其审美水平。这些有助于为设计师从学习基础构成跨进专业设计打好坚实的基础，为专业设计开拓创意思路，提高设计的创造力。将立体构成原理应用在不同的学科中，可以改善或扩展设计师的思维习惯和思维能力，有助于设计师形成敏锐的空间感和空间想象能力。设计师在运用不同的材料制作模型的实践中可以了解所学专业的工艺特点，获得材料相关经验，认识到材料的开发和利用的重要性，也能在实际的操作中培养动手能力。

立体构成形态——吊灯

自然界立体形态对造型设计的影响

第二节　立体构成的基本要素

一、对点、线、面、体的认识

物质世界千姿百态，无论是自然世界还是人工世界都有着各自的形态，而这些空间立体形态一般包括点、线、面、体等几个基本元素。有的形体远看是“点”，近看是“体”，它们是在比较之下形成的概念。当视觉条件改变，周围环境和参照物改变时，人们对点、线、面、体的认知和归类也会改变。

1.点

点常常被认为是小的、圆的。其实，点的形态多种多样，可以是圆的、方的、三角形的、心形的、多边形的、异形的……当某一形态与它所处的立体空间相比，所占据的空间非常小的时候，它就会被视为点的形态。点的概念不是绝对的，因为在立体形态中不可能存在真正几何学意义上的点，而只能是相对而言的。

当点的形状、大小、色彩、质感等特征与周围环境要素的对比强烈时，就会形成视觉的注目点。在画面中巧妙地运用点的造型因素可以让画面的构图更均衡。在规则、呆板的空间环境中，出现点的实体可以起到丰富空间、活跃气氛的作用。大的点比小的点视觉冲击力强，外形复杂、表面凸起的点比外形简单、表面凹陷的点更富有张力，色彩对比强的点比对比弱的点更吸引人的视线，表面材质发光的点比不发光的点更加醒目。

形态各异的“点”

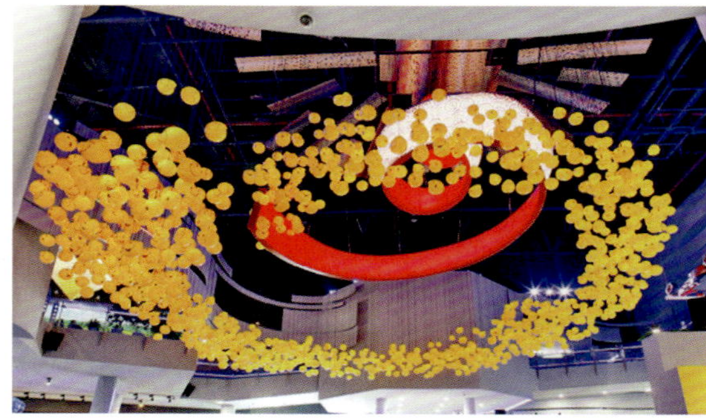

以点为构成元素，形成具有视线引导的动感造型

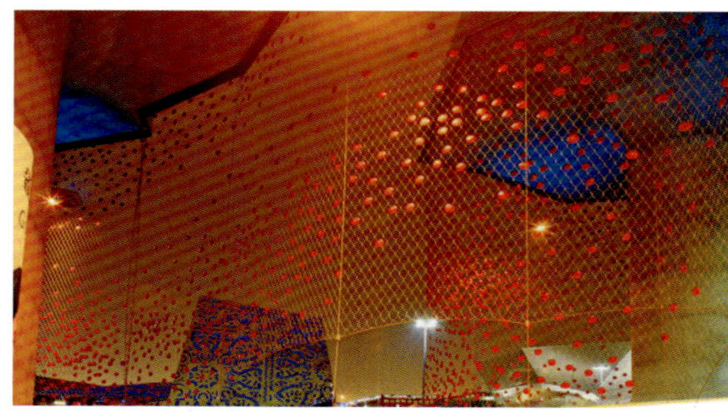

用独特的材质形成点、面结合的视觉效果

均匀间隔的点聚集成了空间中的体量

不同大小和明度的点形成空间层次

关键提示　立体构成中点的特殊性

通常情况下，要将立体的点固定在空间中，就必须依赖于支撑物，如线材、面材的立体形态，所以从构成形式上看很少有单独的点造型。

2.线

线是点的运动轨迹，线的运动构成了面。在立体构成中的线是指有长度、高度和宽度，相对细长的立体形态。线能决定形的方向，可以形成骨架，表现形体的结构；线也可以形成形的外部轮廓线。以线材构成的立体形态常给人以律动、流畅和透明等空间感觉。

形态丰富的线概括起来可以分为直线和曲线。不同种类的线会给人不同的心理感受。

直线的基本属性为有方向性、有力度、直接硬朗、明确简洁，可用于塑造形态、分割空间等。

关键提示 直线的感觉

水平线，能体现寒冷、静态的感觉，有肃静、安定、永久、平稳、呆板、温顺、和平的含义，由此令人联想到海平面、地平线。

垂直线，有重量感，表现高耸、无限、坚硬、高尚、严肃、傲慢等感觉。

对角线，带有强烈的刺激感、运动感和均衡感。向上的对角线，体现生动、积极、飞跃；向下的对角线，体现消极、沉郁。

粗直线，给人以较强的力量感，表现坚硬、沉重、豪放、牢固的感觉。

锯齿状线，表现出不安定的焦虑感。

细直线，表现神经质、敏锐、纤细、微弱、后退的感觉。

木质线材构成

软质线材构成

关键提示 线材构成空间的原则

在使用线材构成空间形态时，要注意两方面的问题：一是造型的结构要发挥线材的特点，使整个立体形态具有较强的流动感、层次感；二是线材间的空隙符合视觉原理，使立体形态具有伸展感、透明感及韵律感。

硬质线材构成

曲线可以有各种各样的形状，用曲线形成的立体形态，给人以舒展、柔和、优雅、活泼、间接、前进、飞跃、充满活力的感觉。几何曲线，包括圆、椭圆、抛物线、双曲线、渐开线、摆线等，给人简洁、概括、整体、大方、高贵的感觉；自由曲线，线形复杂，富有变化，具有多种可能性；“C”形曲线，简单、华丽、柔软；“S”形曲线，最能体现女性的优雅、柔和感，彰显女性的魅力和高贵感。

塑料材质线构成

金属材质线构成

3.面

面是点的面积扩张或线的移动轨迹所形成的。立体构成中的面，具有长度、宽度和高度等三维空间的形态特征。

面材的形态非常丰富，一般概括为平面和曲面两种空间形态。平面和曲面都有规则和不规则之分。

关键提示 面的感觉

不同形状的面给人不同的视觉感受：带棱角的面，如三角形的面，给人以简洁、单纯、尖锐、规范、硬朗、冷漠等印象，并具有延展感；几何曲线面，如圆形面、弧形面，给人以饱满圆浑、规范完美之感；自由曲线面，给人以丰富温柔、自由活泼之感。在立体造型的设计中，常常将平面和曲面结合运用，以创造出丰富的空间效果。

面材有较强的可塑性，对面材进行加工，可产生线、面、体块的多重特点。面材又有较强的视觉感，能较好地表现肌理效果。随着时代的发展、加工技术的发达，许多新材料的出现增加了面材的丰富性，面材成为主要的造型材料。

面材在服装设计中的应用

关键提示 巧用面材

面材的形状具有一定的延伸感，从正视面观看，形态有近似于体块的表面，看侧面边缘处近似线材。所以，将面材巧妙运用可产生线、面、块等多重特点。

面材排列的立体造型

平面与曲面结合的立体造型

曲面造型的建筑物

面材组合的立体造型

4.体

体是面进行运动的轨迹，是具有长度、宽度和高度的三维空间实体，在空间中占据一定的位置和体积，即有重量感和力度感的体积（实体）。因此，在立体构成中，实体的体与量是不可分割的，体与量的视觉感受与实体的大小、数量、重量、材质有一定关系。大而厚的体量，能表达浑厚、稳重的感觉；小而薄的体量，能表达轻盈、灵秀、飘浮的感觉。材质不同，所表现出的坚实感与重量感也不同，如同样大小体积的石材与棉花，石材造型具有坚硬、厚重、坚实的感觉，而棉花造型给人以轻盈、飘浮的感觉。

关键提示　体的感觉

体的形态丰富多样，不同形态的体给人不同的视觉感受。规则的几何体，如正方体、长方体、三棱锥体等棱角尖锐的体块，它们能表现坚硬、简练、大方、稳定、冷漠的特点；球体、圆柱体等形体，它们的特征是秩序感强，能表达温柔、亲和、明快、幽雅、严肃、端庄、舒适的感觉；不规则的自由形体，其形态自然、随意，能展现出独特的个性与活力，有流畅、单纯、柔和、朴实的视觉感受。

“悬浮”的长方体，下面由6根29米高的钢柱支撑，巨大的盒子结构与周围的建筑物形成强烈的对比

长方形体块的组合

关键提示　体块构成原则

体块的形态符合视觉规律，还必须牢固、稳定，符合物理力学与材料力学。设计立体形态要全方位考虑，从不同角度观察都具有美感，还要有主次之分。

上海世博会塞尔维亚国家馆墙面是由方形体块组合的

二、对空间的认识

立体构成中的空间概念指实体本身所占有的长度、宽度、高度的体积及限定的三维空间造型，还包括实体形态之间位置的远近关系构成的空间感，以及实体形态以外的周围空间关系。该空间可分为两类：

1.物理空间

物理空间是实体所占有和限定的空间，有长度、宽度和高度等三维的具体表达，通过对空间进行围合，限定出明确的空间范围，如楼房、人、树等所占有的空间。物理空间和物质是分不开的，在立体构成中所说的物理空间是通过实体元素对空间的限定形成不同的区域和形状的视觉形象，如建筑设计、展示设计、服装设计等。

通过有方向的线的诱导创造空间的流动感

2.心理空间

心理空间不是客观存在的，是指通过视觉、触感等感官体验，在人们心理上产生的空间感受。它受到多种因素的影响，如形状、距离、数量、质地、光泽、色彩、元素分布的疏密等。心理空间相对于物理空间虽然不可捉摸，但能给观众留下更大的发挥想象的余地，更能表现艺术的魅力。

利用焦点透视原理强化进深感

形态之间的适当距离创造出紧张感

强烈的光影对比创造出场感

关键提示 心理空间的重要性

心理空间与物理空间相比较难把握，而且心理空间在立体构造中更具艺术效果。因此，理解和重视心理空间非常重要。

关键提示 创造空间感的主要方法

1.创造紧张感

两个分离的形体在进行形与形之间配置，并组合成一个整体时，相互间会产生关联。形体之间的空间距离远近构成人心理和视觉的不同感受。比如形体与形体分离太远，超过了最大距离，就失去了整体感，使人感到松散；形体与形体距离太近，使人感到堵塞，而且失去了两个形体分离的意义。因此把握好形体之间的适当距离，创造出紧张感，才会使形体与空间产生出美感。

2.强化进深感

进深是指物体之间或空间的前后距离。强化进深就是在原有物理距离上创造出比原有距离更大、更远、更扩展的空间，造成心理进深。深度的层次感会使空间感增强。

强化进深主要靠视觉经验，其方法有：第一，采用阴影、明暗和虚实效果增强进深感；第二，运用近大远小的透视原理，使物体产生强烈的纵深感；第三，充分利用物体间的遮挡关系和重叠关系来增加层次，从而达到强化进深的效果；第四，通过错视的手法制造出矛盾空间，也可以遮挡或隐藏视平线消失点，将有限的空间引向延伸的遐想空间，造成进深感；第五，运用暖色调向前突出，冷色调向后退缩的特性，通过色彩对比来强化进深感。

3.创造空间的流动感

实体因受到限定，在外围就能欣赏，而空间却是连续和无限的，需要通过形体作连续的、有方向的视觉引导或通过形体的色彩、造型、线条的吸引，引起视线的流动及观察点的移动才能欣赏到全貌，由此产生的形象思维、空间层次感、空间的流动感才能得以扩展。

4.创造场感

场是心理空间，把物体放置在一定场所都会与该场所形成场。一般情况下，色彩纯度明度高、光影对比强烈的形体场感强，形体大、重量感强的形体场感强，质地粗糙、厚重的形体场感强，整体关系和谐的形体场感强。创造场感是为了抓住观者视线，让观者产生某种心理效果，让作品的艺术魅力得以展现。

第三节　立体构成与艺术设计

一、艺术设计的概念

艺术设计是艺术学科的分类，也是一门科学技术与艺术相融合的学科，是将艺术的形式、特点、美感结合社会、文化、经济、市场、科技等因素，进行创造与实践活动的学科。艺术设计是人类社会物质功能与精神需求的结合，是社会发展到一定进程的必然产物。它不但具有审美功能，还具有使用功能。它是在衣、食、住、行等方面为人类社会创造具有使用价值和审美价值的产品的造物活动。

广告设计、书籍设计、包装设计、工业产品设计、室内设计、服装设计、环境艺术设计、建筑设计等都属于广义的艺术设计领域。随着现代社会的发展，艺术设计的触角已延伸到人们生活的各个方面，成为思想的展现、文化的浓缩、时尚的表达，对人们的生活方式产生越来越大的影响。

室内设计中大量利用立体构成的原理，使得室内的陈设更具空间层次感

产品设计中的立体构成

二、立体构成与艺术设计

立体构成能推动艺术设计的创新。立体构成是艺术设计的专业基础课程，为艺术设计提供了基本的造型方法和形式法则。立体构成所探索的各种形态、结构、材料、技术、表现手法和组合方式等，为艺术设计的创新提供了动力、灵感和丰富的形式语言。这些形式语言、法则和造型理念可以激发设计师的空间思维能力和创造力，促使他们突破传统的设计思维，创作出新颖独特的设计作品。

艺术设计能促进立体构成的发展。艺术设计不仅关注形式，更注重内容和意义。在将立体构成与设计主题、功能、文化背景等结合的实践中不断面临新的问题和挑战，这也促使立体构成需要不断发展和完善。为了满足艺术设计的需求，立体构成需要不断拓展自身的理论和方法，与其他学科进行交叉融合，以适应时代的发展和变化。

小贴士

立体构成与艺术设计各门类的区别

立体构成研究的内容是将涉及各个艺术门类之间的、相互关联的立体因素，从整个设计领域中抽取出来，专门研究它的视觉效果构成和造型特点，从而做到科学、系统、全面地掌握立体形态。它立足于对立体造型可能性的探索，而完全不考虑造型的功能等因素，旨在讨论、研究立体造型的原理、规律、形式美，以及构造训练。

艺术设计所强调的是使用功能和审美功能的结合，同时考虑市场、用户、文化等多种因素，以创造出具有实用价值和商业价值的设计作品。

立体构成能为艺术设计提供广泛的发展基础。立体构成的构思是把灵感和严密的逻辑思维结合起来，并通过逻辑推理的办法，在训练过程中按形式美的原则结合美学、技术和材料学来考虑造型的可能性。设计者不仅要掌握立体造型规律，而且还必须了解或掌握技术、材料等方面的知识和技能。可以说，立体构成是综合性的训练。立体构成能为艺术设计对材料的开发和利用予以启发和引导。立体构成的形式美的法则、形体组合原理、造型规律和方法都可以在艺术设计中被广泛应用，为艺术设计提供广泛的发展基础，是提高和完善现代设计能力的重要手段。诸多艺术设计体现了立体构成知识的延续性和拓展性。

空间中的点、线、面、体的关系

拓展训练

结合所学专业思考立体构成与艺术设计的关系。

思维拓展 立体构成的诞生

立体构成诞生于20世纪初的西方。1913年，俄国的塔特林首先提出抽象的几何结构，大力提倡“构成”艺术。1919年，构成主义思想在德国由著名建筑师格罗皮乌斯在魏玛创建的“国立魏玛建筑学校”得到发展，这就是著名的包豪斯学院。构成课占据了包豪斯教学的主要地位，其中就包括了平面构成、立体构成、色彩构成等。这三大构成一直影响到现代世界各国的设计教育，为工业时代的设计开创了新纪元。这些课程后来逐渐成为我国设计基础教学的主要内容，为建筑设计、艺术设计以及广泛的造型领域奠定了重要基础。

巴塞罗那椅　1929
密斯·凡德罗、莉莉·赖希设计

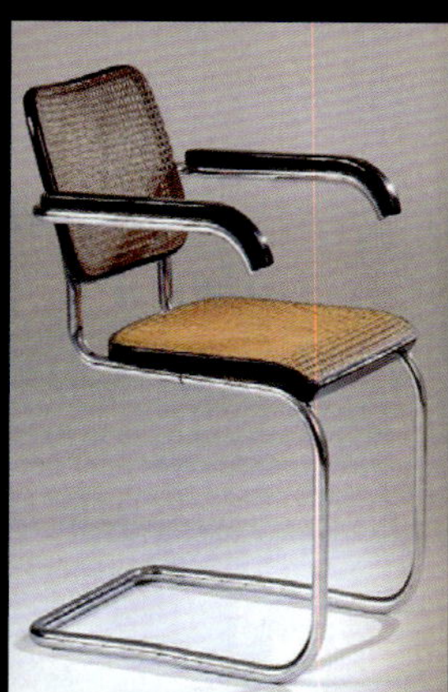

钢管椅　1925　马塞尔·布劳耶设计

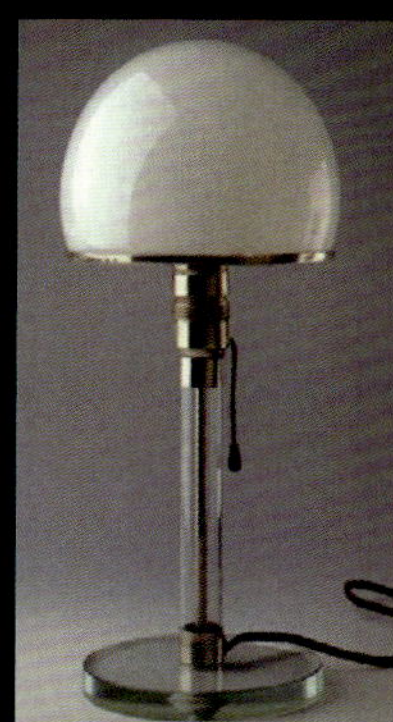

台灯　1924　威廉·华根菲尔德、卡尔·雅各布·朱克设计　材料：镀铬钢管、玻璃

水壶　1924　玛丽安娜·布兰德设计

包豪斯学院设计作品展招贴　1923
约斯特·施密特设计

红蓝椅　1917　里特·维尔德设计

案例展示

建筑设计领域的立体构成

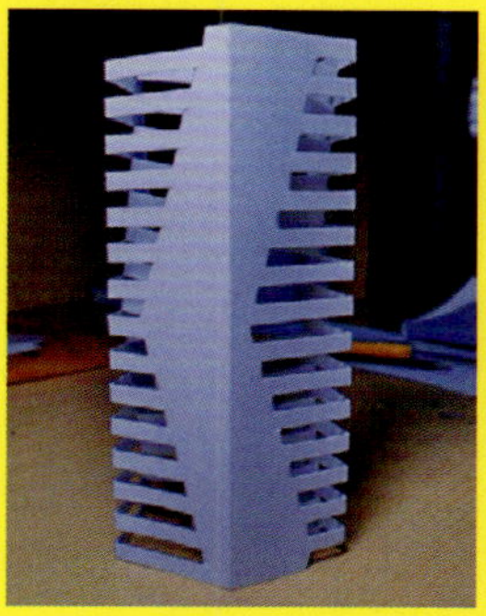

柱式构成作品不考虑造型的功能因素，旨在充分利用材料，构造出富有创意的立体形态

线、面、体块的结合构成了有趣味的建筑

建筑的整体由黑白相间的块体重叠构成，从外观上看像是由积木搭建起来的，独特的错位设计使建筑具有强烈的立体感和层次感。整个建筑在南北轴线上倾斜45°，确保各个空间的阳光充足，同时打造了视觉的流动感。整个作品既有实用功能，又有审美功能

产品设计领域的立体构成

仿照苹果造型设计的显示器，生动有趣

用球体与柱体的变化构成动漫形象

服装造型设计领域的立体构成

鱼形曲线的形态构成，显示出灵动感

层面呈放射状发射排列，与点构成的面进行对比

环境艺术设计领域的立体构成

利用线材的趣味性和线与线之间的通透性构成具有张力的作品，与周围环境对比形成极强的场感

在海边，用鱼形的构成元素做成景观雕塑

曲面与直面的巧妙结合形成空间递进与层次感

用线材构成曲面，形成既隐私又通透的半开放空间

用面材形成墙面负空间造型，既有美感又很实用

圆雕造型与透明玻璃结合，传达出高贵的品质感

化妆品的包装采用立体构成中面的构成，使包装的层次丰富、造型优雅

用线材排列为半隔断，是室内设计中常用的空间划分法

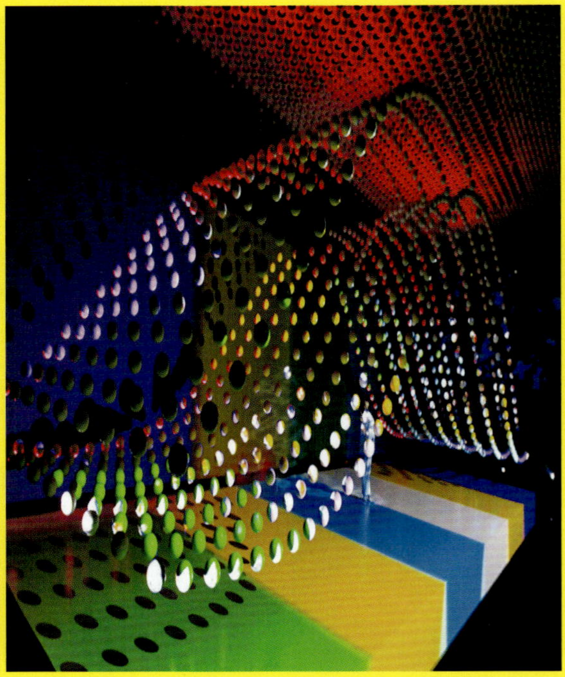

由点连接成面，运用光色效应，形成室内空间的趣味装置和视觉冲击

第二章
立体构成的材料与技术运用

第二章 立体构成的材料与技术运用

在立体构成中，材料是必备要素。材料有其自身的语意和设计表现力。对材料的造型功能、组织结构和使用性能的认识、体验是使立体作品富有艺术价值的重要因素之一。在立体设计中创意是灵魂，是对精神、思想的表达；材料是骨架、血肉，是对创意的体现。材料的品种繁多，在使用时只有对材料进行深入的研究，方能最贴切地表达设计者的创作意图。材料也具有很强的时代烙印，不但能体现时代的文化特征，而且新材料的出现和广泛使用会改变人们的生活方式和消费方式。

新型发光材料的应用丰富着人们的感官

第一节 材料的分类与特征

材料是表达设计的一种语言，不同的材料对形态创造的内容、意境的表达起着决定性的作用。材料的材质、性能、形状的差别给人的视觉感受和心理感受也不尽相同。对材料进行分类有助于我们充分地认识材料，以及探求和尝试材料在创造立体形态中的多种可能性。

华丽的材料使设计锦上添花

材料从性能上大概可以分为天然材料和人工材料两大类。从功能上，材料可分为主体材料、辅助材料、连接材料。从形状上，材料可分为面材（包括板材）、线材（包括管材）、块材（包括颗粒状）三大类。

一、主要用于主体的材料

1.硬质材料

多为不容易变形的较硬材料，如木材、石材、金属、塑料、陶瓷、树脂、米粒、豆类、纽扣、瓶盖、木线条、火柴棍、牙签等。

2.软质材料

多为易变形的材料，较为柔软，如羽毛、塑料泡沫块、铅、纺织品、纸、皮革、胶管、电线、拉链，以及毛发、毛线、尼龙线、棉线、麻线等纤维材料。

3.透明材料

有透明和半透明之分，如玻璃、纱、薄纸、拷贝纸、塑料薄膜、吸管、胶片等。

4.可变材料

具有流动、多变、不定型的特点，如水、光、丝绸等。

硬质材料——金属

5.可塑材料

粉末状材料通过加工可塑成立体形态，如黏土、橡皮泥、泥沙、粉尘、水泥、面粉等。

软质材料——纤维

6.弹性材料

材料的弹性、塑性比较鲜明，如橡胶、气球等。

二、主要用于辅助的材料

主要用于辅助的材料是指对设计主体起辅助作用的材料，根据主体的实际应用涉及加工工具、裱衬材料、支撑材料等范围，如测量、放样、锯钻、切割、组装等工具，以及用于翻制模型等工艺中的石蜡、海绵、石膏等材料。

三、主要用于连接的材料

同辅助材料一样，用于连接的材料是依据主体材料而定的，如乳胶、502胶水、万能胶水、双面胶纸、透明胶纸等黏性材料，还有订书钉、线、夹子、铁钉、焊条等连接工艺所需材料。

透明材料在店面设计中的使用

把光线作为一种无形材料纳入设计之中

案例展示

线性材料

线性材料

运用镂空材料制作的透明景观小品

四、立体构成常用材料介绍

在立体形态构成中常用的材料有木材、石材、纤维、陶泥、纸、塑料、复合材料、金属材料、化工产品等。

1.木材

木材是人类最早用于生活、生产的造型材料之一。木材具有材质轻、强度高、韧性强、弹性强、耐冲击、抗震动、环保、易加工等特点。木材有能引起亲近感的色泽和美丽的纹理，有良好的装饰性能，着色性能好，胶粘性能好。因为木质材料的特性，当下，它依然是用于各种造型的重要材料。

关键提示 木材的天然缺陷

由于木材是有机体，缺点是易腐蚀，会扭曲胀裂、变形，因此加工时要注意适应材料特性，做防腐处理。

木质材料的线性构成

2.纤维

纤维材料是常用的软性材料，具有质地柔软、体轻、亲和力强、易加工等特点。它可以编织成各种形态，也可以依托硬质材料进行拉引、缠绕。纤维材料有麻线、棉线、毛线、棕绳、尼龙线等。

纤维材料的线性构成

3.陶泥

陶泥可塑性较强，具有质朴、自然的质感。可结合易成型等特点，在陶泥未干时，可以对其雕刻、镂空、镶嵌、刮、印造型并且进行各种装饰，待风干后，还可以进行形态的调整，这是其他材料较难做到的。

泥塑作品（曾彬）

泥人

4.纸

纸是立体构成中很好的面材。纸具有可塑性好、质轻、易定型、切割方便等物理特性。同时，纸材料又具有种类繁多、价格便宜、易降解再生、对加工工具要求简单的特点，给人轻松、随和、质朴、自然、便捷的心理感受。所以，纸是被广泛使用的材料。在立体构成基础训练中，各种卡纸、手工纸、艺术纸和铜版纸都是常用的纸张。

纸质材料的不同运用效果

5.金属

金属具有质地坚硬，保存长久，有磁性、韧性，不易破损，有光泽，造型变化多样，精致美观，华丽时尚，有较强的视觉感，但加工难度大等特点。金属的种类很多，但因加工工艺所限，在立体构成中常以钢、铁、铜、铝、铅的线材为主，以及便于加工的金属面材和一些现成的金属零件等。材料的种类多是线、棒、条、管、板、片等。

埃菲尔铁塔

6.塑料

塑料是一种人工合成的高分子材料，具有良好的物理性能及一定的强度和弹性。塑料具有体轻、抗拉、抗压、抗冲击、抗弯曲、耐摩擦、防潮等特点。它有良好的化学稳定性，具有耐酸碱、耐油脂、防锈蚀等特点。同时塑料具有很好的加工性能，便于成型，样式也丰富多样。

用塑料吸管构成的作品

吸塑灯箱

7.废旧材料

废旧材料是指现代工业中的各种垃圾，如包装盒袋、各种瓶罐、竹、木、布、绳、碎玻璃、边角料及废五金材料、废机器零件等。除此之外，废旧材料还包括各种废弃的轻工业产品、生活用品和现成品。各种垃圾的形态结构、材料肌理和视觉语言能触发我们创作的动机和灵感，并对这些废旧材料进行再创作。可将两种或更多的材料组织在一起，让它们产生融合或对比的效果，使构成的材质肌理感和效果更加突出、丰富，富有创意的作品也就随之而来。

用废可乐瓶制作的吊灯

由废烟盒等综合材料制作的模型

综合材料制作的灯具

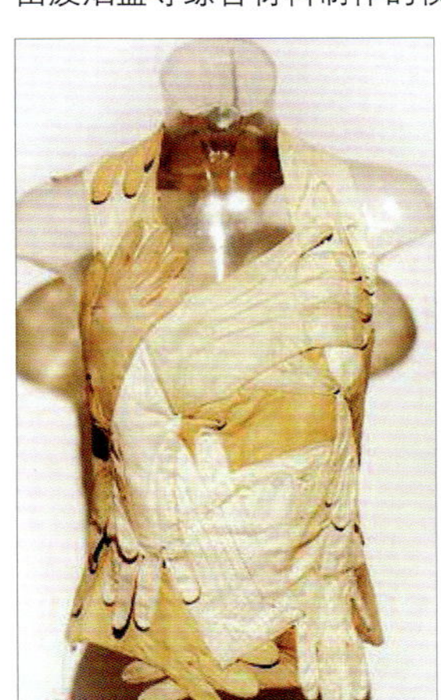

由废旧手套、扑克牌、报纸制作的概念服饰

第二节 立体构成材料的加工方法和常用工具

一种材料可以有多种加工方式，既有传统的，也有现代的，具体选择哪一种，要根据最终的使用目的来定。

一、材料的加工方法

1.剪切加工

使用刀、机床、电热丝、钻等工具对材料进行剪切，用切、锯、割、磨、锉、凿、刻、削以及热溶解等方法，将材料减少或分离。为了得到理想的工艺效果，使用的刀具自身就有许多形状，如直口、斜口、圆口等。除此之外，还有新的加工工具不断涌现，如激光、水刀等。

可同时加工多块材料的数控多头雕刻机

2.连接加工

通过不同工艺把散落的立体形组合成一个整体。连接加工方法有搭架、插接、铆接、黏合、焊接、穿缝、钉接、滑接、铰接等工艺。根据不同材料的特点和造型目的选择连接方法，既要牢固又要达到审美要求。

学生作品：纸材的插接

3.变形加工

通过外部环境条件的调整，来影响和改变材料的形态，如采用浸泡、加热、敲打、注塑、浇注等加工方法，使材料达到所需要的弯度，或者便于将之制作成新的立体造型。

四川泸州油纸伞

木材的变形加工

4.材料的后处理

很多作品在成型后不能立刻达到理想要求，往往需要对此功能材料做技术上的后处理，尤其是一些半成品，在翻制之后更需要修补，以及添加特殊的肌理模拟效果，包括刮灰、上腻子、上色、上漆、打磨、抛光、上光乃至亚光处理等深加工，以达到理想效果。

首饰抛光

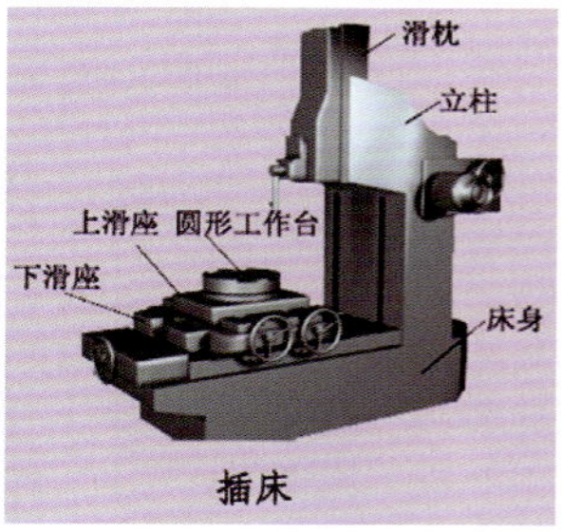

机械加工使用的插床

玉石的雕琢与打磨抛光

二、立体构成的常用工具

在进行立体的形态构成时，要对材料进行有目的的制作，即对不同材料采用不同的加工工具和手段，这就需要一些最基本的加工工具，以便提高加工的效率和制作的工艺质量。一般将立体构成中常用的加工工具分为绘制、分割、钻孔、切削、打磨和辅助等类别。

小贴士

常用的绘制工具有铅笔、圆珠笔、铁笔、直尺、角尺、曲线板、画线锥和画线规等。

常用的分割工具主要有剪刀、美工刀、夹背锯、鸡尾锯、板锯和钢锯等。

常用的钻孔工具有手摇钻、便携式电钻、台钻和激光打孔机等。

常用的切削工具有木刨、木工凿、板锉、圆锉、半圆锉、三角锉、铁剪和多用刀等。

常用的打磨工具有砂纸、砂轮、木锉、铁锉等。

常用的辅助工具有大头针、缝衣针、夹子、镊子、扳手、老虎钳、台钳、电烙铁、锤鱼钳、冲子、螺丝刀和锤子等。

常用美工绘图工具

常用的手工操作工具

自动喷漆罐

气动喷漆枪

手电钻

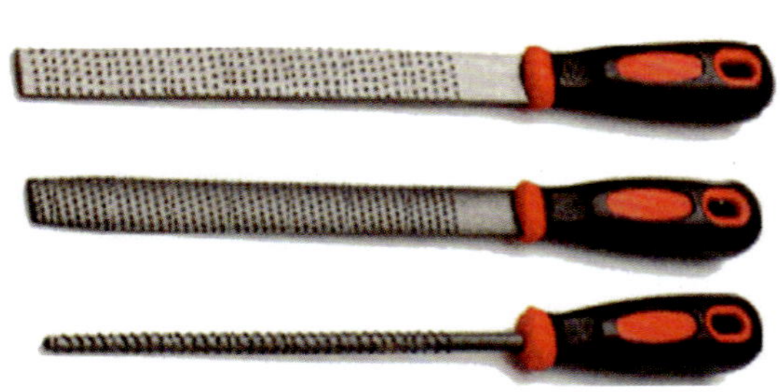
常用木工锉

曲线钻

第三节 肌理

材料的材质是通过材料表面的组织构造肌理体现出来的。不同的材料有着各种各样的组织结构，或平滑光洁，或粗糙斑驳，或轻软疏松，或厚重坚硬。不同的材质肌理给人的感觉是不一样的。具有相同形态的造型，由于肌理的表现不同，造成的审美意蕴就不相同。材料的肌理不仅可以增加形态的立体感，表现物体的质感，还可以丰富形态的表情，呈现多样的视觉效果和表现出不同的情感功能。

一、 肌理的概念

在立体构成中，肌理指的是材料表面的纹理、构造组织给人的触觉质感和视觉触感。它根据来源可分为材料自然肌理和人造肌理，如木纹、树叶、大理石纹、毛皮等为自然机理，仿木纹的人造板材、仿大理石纹的人造石材以及将各种材质综合形成的肌理等为人造肌理。肌理在通过材料构造形态的整体面貌方面起着重要的作用。

立体构成中的肌理往往是触、视觉综合性的肌理，既能通过视觉感知，又可通过触觉感受。触觉是人体的一种特殊感觉，是把各种外界刺激（如冷、热、软、硬、光滑、粗糙等）通过分布于皮肤的神经末梢传达到大脑，使人体产生的一种综合感受。通过触觉能够感受到物体的不同性质。因此，触觉是带给我们肌理感受的主要手段。

另一种肌理感受则来自视觉。比如我们从高空俯瞰沙漠，漫漫黄沙会通过视觉传达给我们沙漠的肌理感受。再如站在山腰看云海，虽然我们不能通过触觉来感受云海，但通过视觉，仍然可以感受到云海那特殊的肌理。

不同的肌理，会给人带来不同的心理感受。材料的肌理在现代科学与加工技术的不断进步中，越来越多样化。现代生活中人们对物体造型的追求也是求新求异，使得肌理的运用在现代造型设计中处在一个很重要的位置。

大厅墙面采用木质线框的放射排列

马赛克重复排列

纤维重复排列

枯树表面粗糙的肌理

建筑外墙采用石材体块连续构成

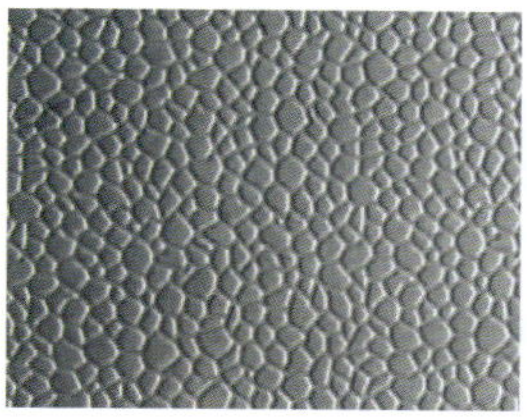

地砖花纹的重复排列

皮革肌理

二、肌理的作用

1.肌理的视觉效果和心理感受

不同材料的肌理会产生不同的视觉效果和心理感受。如同是面材，金属板使人感觉冰冷、坚硬，玻璃板使人感觉透明、易脆，木板让人感觉温暖、舒适，塑料板让人感觉柔韧、时髦。表面光洁而细腻的肌理让人感觉华丽、轻快、活泼，表面平滑而无光的肌理让人感觉含蓄、安宁、质朴，表面粗糙而有光的肌理让人感觉稳重而生动，表面粗糙而无光的肌理给人感觉坚定、朴实、厚重和悠远，表面毛绒的肌理让人感觉柔软、温暖、舒适。

2.肌理的功能效应

在造型设计中，不同产品功能的发挥需要相应的材料肌理对应，让造型形态的使用功能表现得更为突出。如汽车轮胎的表面肌理设计是为了防滑，起到加大摩擦力的作用；电影院、宾馆、会议厅等的墙面肌理设计，是为了起到隔音和消音的作用。

3.肌理可丰富立体形态的表情

不同的肌理会呈现形态不同的表情和特征。如中国明清建筑的大门和现代建筑的各种风格，有的威严庄重，有的雍容华贵，有的精致典雅，有的简洁浑厚，有的雄伟壮丽，有的自然清新，有的概念抽象……由于肌理的不同，所产生的表情丰富多彩。

有立体感的面材

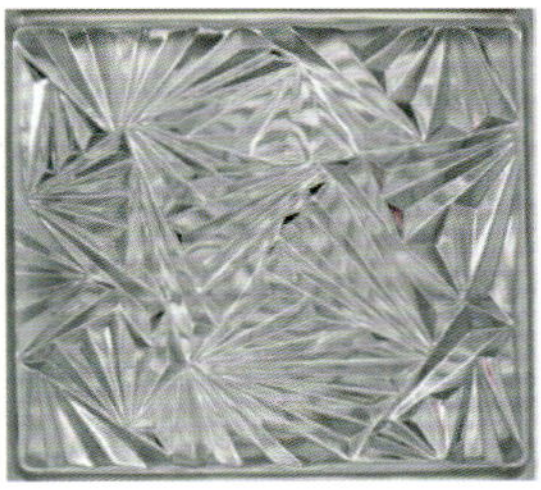

玻璃材质形成的肌理感

光洁、细腻的丝绸

表面毛绒的肌理

揉皱的锡箔形成的肌理

木纹肌理

泥土形成的肌理

柔和、轻盈的羽毛重复排列

亚麻布的肌理

锈铁板的表面肌理

三、肌理的设计

可以利用不同触觉的材料以及材料质感的对比来达到某种造型效果，还可以利用肌理的不同特征与构造形态和谐组合，形成有趣味的立体形态。

无论哪种肌理的设计都应突出时代特点。对于流行的时尚肌理、具有个性化风格的肌理、自然形态的肌理，以及不同文化背景对肌理的不同反映都要深入研究，如此我们的设计才能符合时代需求。

知识链接 肌理设计的常用方法

1.真实肌理

保持自然材料表面纹理，可以通过手的接触，实际感觉到材料表面的特征，如光滑与粗糙、柔软与坚硬、温暖与冰冷等。

用纤维重复缠绕形体形成的真实肌理

2.模拟肌理

模仿自然表面肌理特征的设计，提供肌理的视错觉，达到以假乱真的模拟效果。

3.抽象肌理

抽象肌理是对模拟肌理的图案化，是对物象的抽象表达。其关注物象表面特定的纹理图案，使其符号化。它的构成主要取决于材料表面的纹理特征。

4.象征性的肌理

与材料质感没有直接关系，纯粹表现一种纹理秩序，是肌理的扩展与转移。它要求人们在进行任何一种视觉艺术创造的同时，在形式中构建强烈的肌理意识，如地形图中的等高线以及一系列符号所形成的图形。

模拟树枝及其肌理的雕塑作品

大理石的抽象肌理

地图上的山脉、道路、土地形成象征性的肌理

关键提示 不同材质构成的肌理

在练习中，可以利用不同触感的材料以及利用材料的对比来达到某种程度的造型效果，还可以利用不同的肌理来起到诸如功能识别、突出重点的作用。利用同类材料构成的肌理可产生整体统一的效果，但要避免单调和呆板；而用不同材质构成的肌理则会产生变化丰富的效果，但要注意避免散乱和无序。

拓展训练

了解生活中不同材料的性能、特点和加工方法，寻找和发现新的材料，并思考其肌理效果和视觉语言。

思维拓展　点材、线材、块材的表现

以点材表现活泼、跳跃的感觉。线材具有长度和方向，在空间中能产生轻盈感、锐利和运动感。由于线材与线材之间的空隙所产生的空间虚实对比关系，可以造成空间的节奏感、流动感和通透感，所以线材能够表现轻巧感和空灵感。面材的表面有扩展感、充实感，侧面有轻快感和空间感，所以面材能够表现单纯舒展的感觉。块材是具有长、宽、高三维空间的实体。空间占据性强，能表现出很强的重量感，给人以厚重、稳定的感觉，所以块材可用于表达力量感与稳定感。因此，从设计的目的出发，选择同一材料的不同形态会产生风格迥异的效果。

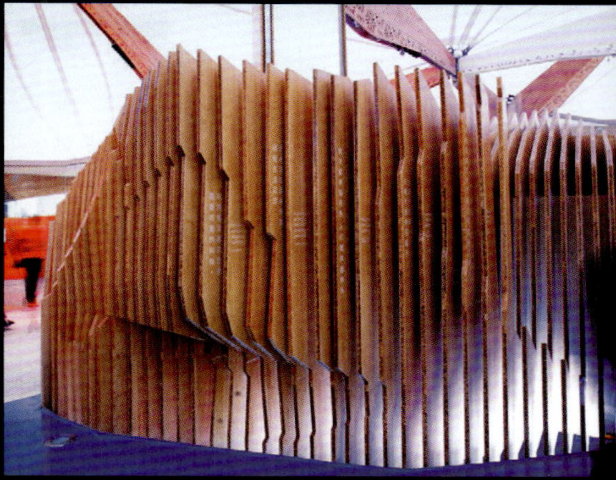

木质面材构成的层面曲线排列

木质线材构成的艺术作品

彩色积木的体块构成

建筑墙面利用玻璃点材重复排列形成面

建筑外墙采用玻璃面材的折线排列

案例展示

用植物肌理构成的园艺造型

玻璃材质光滑、透明的肌理

石材斑驳凹凸的肌理

用纤维做的卡通人物

饱满、光滑、圆润的肌理效果

毛绒材料的肌理，给人亲切、柔软的感觉

粗糙的纤维材料造型具有天然、粗犷的肌理效果

皮草的肌理给人以温暖、高贵的感觉

用毛线编织出的点状纹理的肌理效果，增强了毛衣的厚实感

层次丰富的大荷叶边与半透明紧身衣构成肌理的对比，高贵而浪漫

用缎面重复构成有层次感的肌理，与裙子形成对比

高迪设计的圣家族教堂，外部使用天然石材、混凝土、珐琅和马赛克雕刻拼嵌成肌理效果，精美而独特。设计师将建筑塑造得既像奇山异峰，又似怪树洞窟，给人以足够的想象空间，让人尽情体会它的浪漫主义风格

商场外墙由四千多块磨砂玻璃材料的光盘组成，每一个光盘都悬挂于金属结构上，后面都安装有独立控制的LED灯。随着光线入射的角度变化，建筑外观景色不断变化，华丽壮观。建筑的外观还可以根据不同的需求而发生改变

第三章
从平面到立体的创造训练

第三章　从平面到立体的创造训练

宇宙是一个多维空间，地球是一个立体形态的球体，人们生活的空间是由各种物质组成的立体形态构成的。大自然提供了各种各样的原材料。先祖们用树皮、茅草、木板、泥巴搭建房屋，用金属、石块、木材制造各种用具和用品，用工具在石头、木头上雕刻，于是构筑出一个纷繁复杂的物质世界，满足人们的各种生活需求。

人的思维和创造常常从平面开始。先祖们在岩石上画图，记录他们的生活场景；人们在纸上绘画、写字，表达思想。人们从平面开始发散思维，学会用布匹做衣服，用纸糊灯笼，用篾条编织筐篮，用砖垒房子，用石块砌长城，用玻璃搭建筑。一些普通甚至琐屑的东西通过恰当的方法被组合起来，构筑成人们想要的空间和形态。从人类文明的历史中，可以找到许许多多的创造方法，它们都是人类世世代代智慧的结晶。今天，我们为了创造新的生活继续探索和发展这些东西，找寻和创造构成的方法和规律。

用竹篾条编织箩筐

第一节　半立体形态构成与训练

一、何为半立体

半立体，也称2.5维立体，是介于二维和三维之间的造型形式，兼具二维和三维的特征。它只能从180° 以内的角度观察，就像浮雕，是在平面的基础上凸起的造型。

二、半立体的特点

在传统建筑的门窗上有许许多多的木雕花，石栏杆上也有深浅不一的雕刻，这些都是半立体的浮雕，比平面的绘画更生动、更富有感染力。在我们的生活中，有许许多多这样的半立体形态的物品，它们不仅好看、好玩，而且还有很多作用。

以花瓶为例，有些花瓶表面会设计有半立体的花纹或图案，如中国传统的青花瓷瓶上的花卉图案，通过凸起的线条和图案，增加了花瓶的触觉和视觉质感，使其更具艺术价值和观赏性。如带有半立体卡通形象或几何图案的手机壳，不仅可以起到防滑的作用，还能为手机增添个性化的美感，提升产品的附加值。

我们穿的运动鞋鞋底都有一些漂亮的纹理，凹凸有致。这些纹理不仅仅是为了好看，最重要的是增加摩擦力，起到防滑的作用。现在，底纹的设计还成为鞋子设计的卖点，皮鞋、休闲鞋、板鞋都争相在底纹设计上下功夫。同鞋底的原理一样，汽车轮胎的花纹设计也是半立体的，而且对于纹理的排布方向还很有讲究，会根据不同的路面和车型而设计。

在建筑装饰上，半立体的应用更多，墙面、柱面、顶面、地面比比皆是，一方面是为了增强审美效果，另一方面也有实用功能。因此，半立体在视觉上能呈现出明显的立体感和层次感，同时又与平面紧密相连，兼具平面的秩序感和立体的生动性。它通过光影的变化来增强立体效果，不同角度的光影照射会使半立体形态产生丰富的明暗变化，从而丰富视觉感受。

三、半立体制作的材料与方法

半立体形态的设计和制作方法有很多，根据不同的材料有不同的方法。

1. 纸质材料

包括卡纸、纸板等，质轻，易变形，易加工，有弹性和强度。折叠是最简单的方法，还有剪切、卷曲、拉伸、粘贴、缝制等方法。

彩色纸做的花卉

2. 黏性材料

包括陶泥、油泥、橡皮泥、黏土等，加水则柔软，可塑性强，干后坚硬，不变形，易成型，可以用手捏的方法塑造形体。

陶泥

橡皮泥

3. 板材

包括木板、塑料、亚克力、KT板、泡沫板、石板等，具有平整、厚薄均匀、硬度不高的特点，但不易弯曲。一般用切割、雕刻、凿、堆叠的方法塑造形体。

木板

亚克力板

4. 金属

包括铜板、铁板、钢板、铝板等，质地坚硬、结实，可采用腐蚀、焊接、浇铸、锤打等方法，制作过程中往往需要利用专门的工具。

铜板

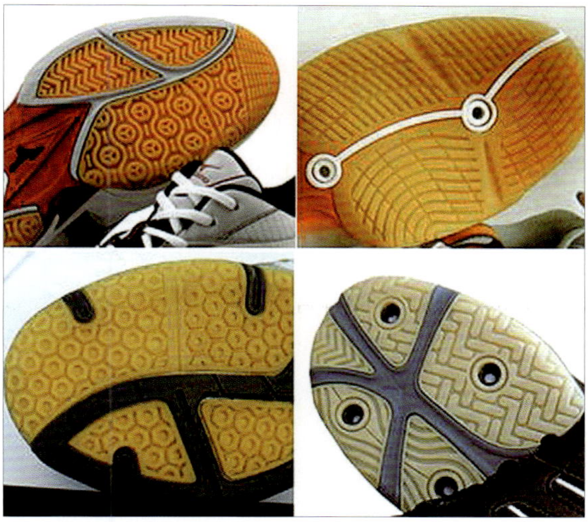

鞋底花纹既美观又防滑

室内背景墙

轮胎上凸起的纹理设计满足不同路面行驶需要

小贴士

辅助工具：铅笔、直尺、圆规、美工刀、剪刀、乳白胶、双面胶等。

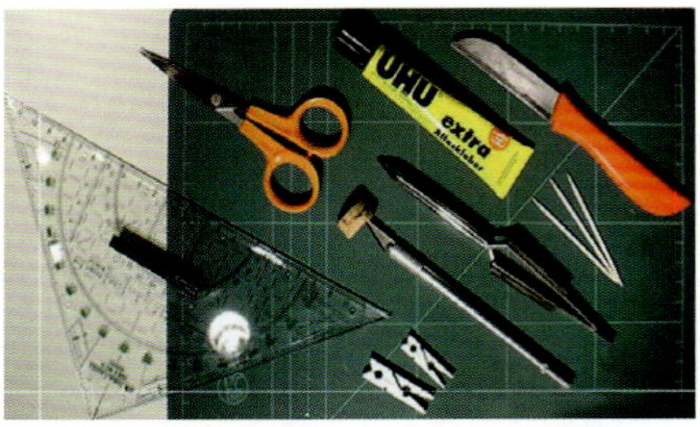

四、半立体的制作步骤

这里以便于操作的卡纸为例讲解制作的步骤，其他材料可以举一反三，虽然不同材料加工方式存在一些差异，但基本步骤无大变化。

1.构思

有好的构思才会有好的作品。根据平面构成的知识原理，联想生活中的事物，进行提炼和概括。可先绘制一些平面图形，然后通过想象把这些图形变成半立体的样子，思考可以采用哪些方法以达到理想的效果。创意绘图时一定要考虑审美法则，使图形具有一定的形式美。

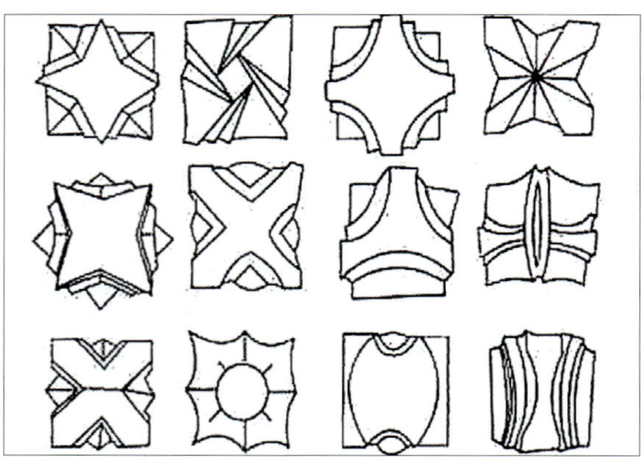

构思草图

2.选材

根据构思考虑采用哪种材料才能达到想要的效果，比如纸张可以折直线，也可以折曲线。像泥这样的黏性材料可以做出各种形态的曲面造型。木板易切割，但弹性较差，做不了较大弧度的曲面，但有机板则可以。KT板比木板和有机板便宜，质更轻，而且切割非常容易，但弹性和硬度都不好，所以不适合做卷曲造型，但可做堆叠、插接等。选什么材料一定要综合考虑用途、效果、加工工艺等几方面因素。

3.画图

把构思好的图按所需大小画在选好的材料上。画图时对加工工艺要用不同的线表达和提示，以免制作时出错，如用实线表示切口，虚线表示折痕。

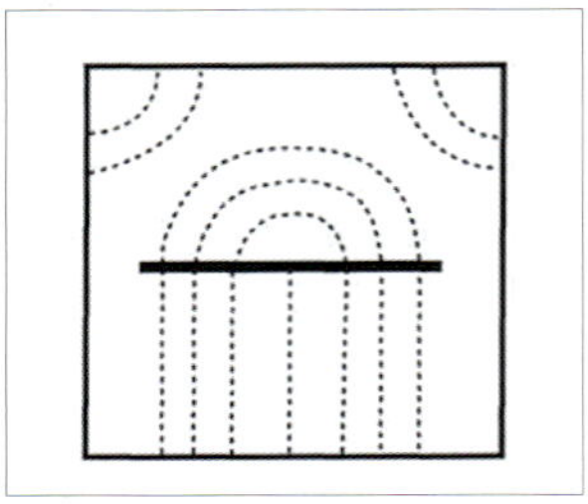

画线

4.制作

根据设计的图样和加工方式进行制作，采用恰当的工具和制作方法很重要。以卡纸为例，先使用美工刀切割，然后用刀背在需要折叠的位置划出压痕，顺着压痕，根据设计构思做凹凸折叠，就可做出想要的立体形态。

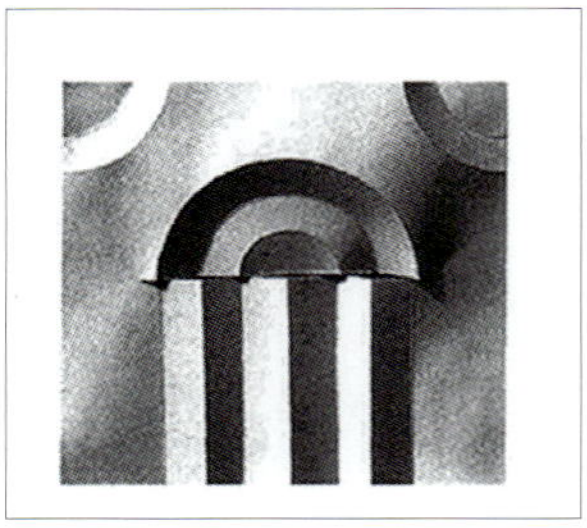

制作

5.固定

为了使折叠好的形态保持固定的状态，需要用胶水把这个形态固定在一块背板上，这样就完成了一个半立体形态的创作。

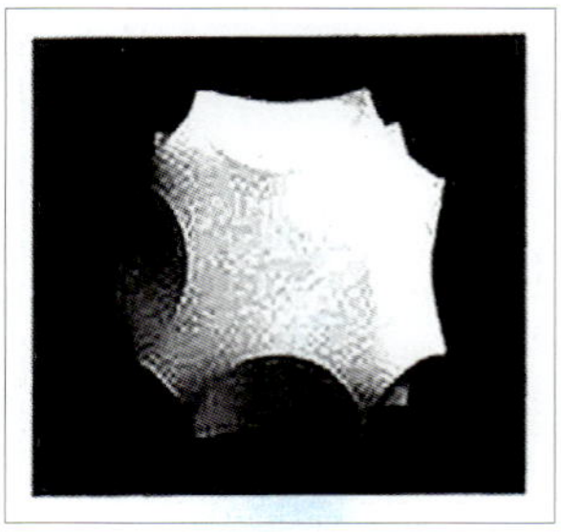

固定

关键提示 形体和构图的注意事项

1.强调整个形体的层次感，既要有对比又要有细节，大小疏密结合。

2.构图时要充分考虑线与线之间的距离、节奏、秩序、韵律，使之具有形式美。

五、半立体表达的基本手段

下面介绍几种常用的半立体形态构成的训练方法，灵活应用这几种方法就能创造奇迹。

1.肌理与雕刻

（1）肌理

用工具将纸张、石材或者其他黏性材料按照设计好的图形和规律进行分割，或利用一些外物制造肌理，产生半立体效果。

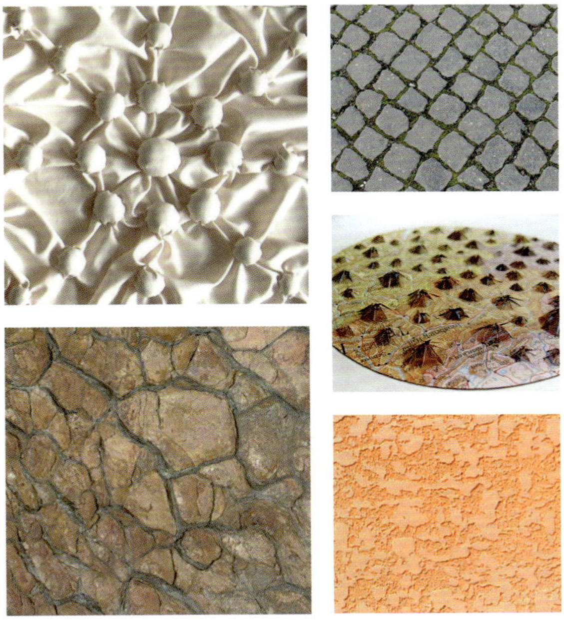

不规则形态分割

（2）雕刻

对木材、石材、复合材料等可塑性材料进行雕刻，产生新的半立体形态。

雕刻方法：

①阴刻

使用凿子在板材上挖刻图形的轮廓线条或直接把图形挖刻掉，形成凹陷。

阴刻图形

②阳刻

与阴刻相反，把图形主体周边挖刻掉，使图形凸出。

阳刻图形

关键提示　半立体表达的注意事项

1.先将泥拍成泥板，稍晾呈半干状态，再做雕刻或分割比较好掌握。

2.图形的排列秩序和方法参照平面构成的组织方法。

案例展示

雕刻的墙面

运用木块、莲蓬、松果拼贴制作的柱面

有雕刻效果的包装盒

运用肌理的方法制作的蛋糕

2.折叠

（1）折直线

把一张平面的纸沿着呈规律排列的直线（数量为奇数）折叠，即产生半立体形态。

（2）折曲线

在平面的纸上画出弧线，至少3根以上，再沿着弧线折叠，形成半立体形态。

（3）卷曲

把平面的材料进行卷曲处理，产生半立体形态。

（4）瓦楞折

在画好折曲造型展开图之后，按折曲线将卡纸反复折叠，使卡纸形成有起有伏的瓦楞立体形。

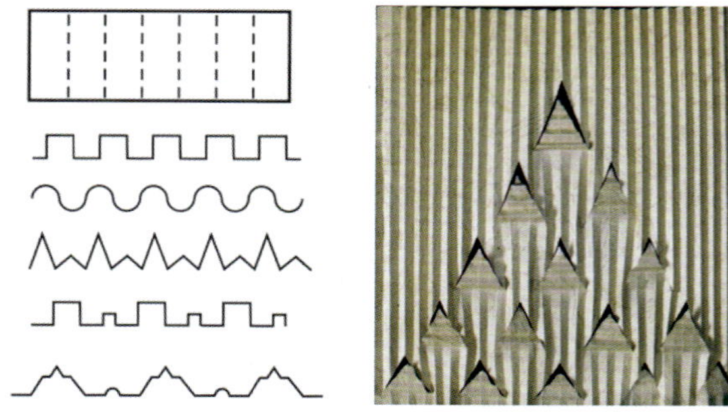

（5）蛇腹折

通过基线（垂直线或水平线）与辅线（斜线）的垂直和水平方向的折叠、收缩而构成的立体形态，给人以活泼、优美、和谐之美感。

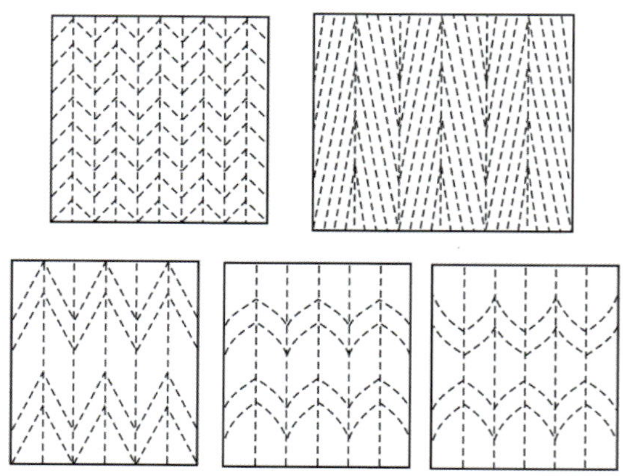

关键提示 折叠技巧

1.折叠前先构思好图形，必须有3根线才能折出一个凸起，所以画的线一般为奇数。

2.卷曲时可以借助圆柱状的物品，比如笔杆、筷子，卷的效果会更好。

3.蛇腹折是整体收缩折叠的造型结构，制作时准备的纸张面积要稍微大些。

3.切折结合

（1）一切多折

把一张纸切一刀后进行折叠，创造新的半立体形态。这一刀可以是直线、曲线、弧线、折线，可以在任意位置，关键是便于折叠造型。重点要体现形式美，比如重复、韵律、节奏、渐变等。

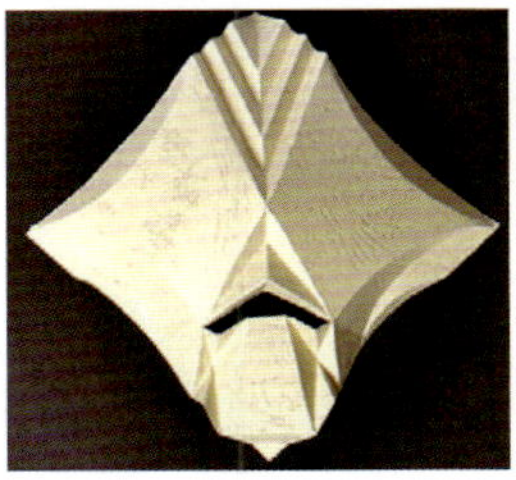
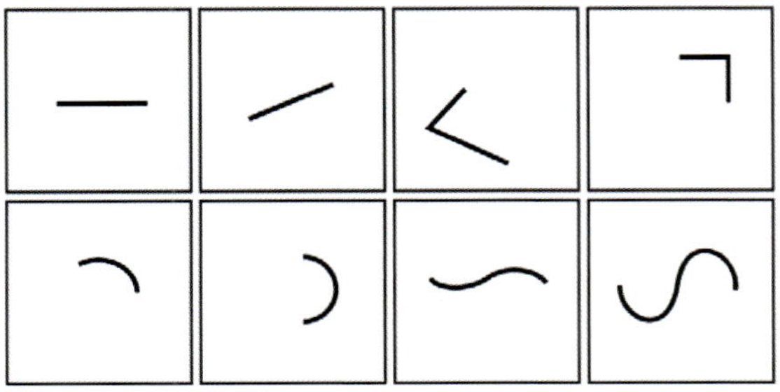

切口线可长可短，但不宜太长，位置可以位于任何方位，但要考虑分割比例，居中、对称或黄金分割都比较好

（2）多切多折

在一块平面上切多刀后进行折叠，通常是按一定规律切割，产生丰富的构成效果。

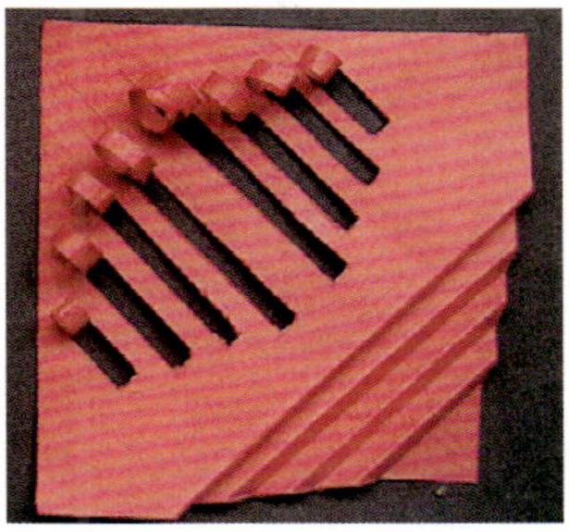
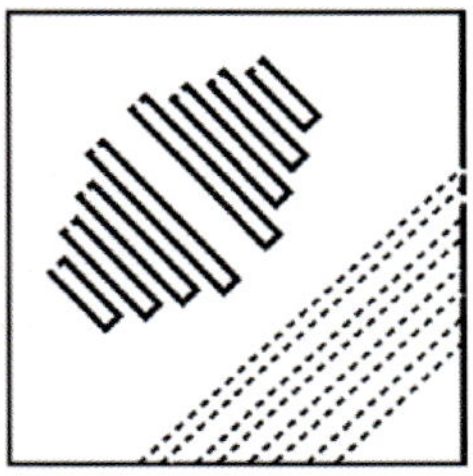

按渐变规律切口割

按对称法则切口割

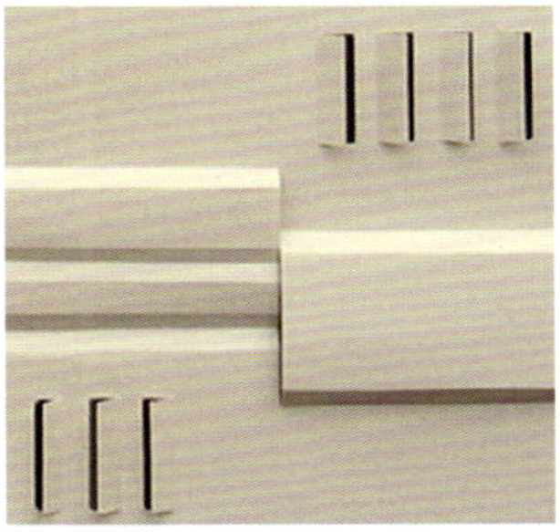
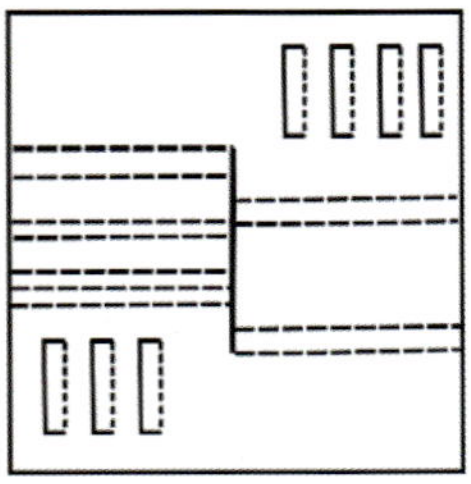

按非对称法则切割

对称图形重复排列，结合四方连续图案的构成规律，视觉效果丰富

以一刀切为基本单元，重复排列。这种折法在瓦楞折基础上更加丰富，特点是既有变化又整齐统一，易于掌握

以8刀不同长短切口组合为一单元重复排列，产生丰富的变化

采用相同的切法，使大小不同的两组交错重复排列，产生层次感

4.堆叠

（1）单层堆叠

把一些小的形态按一定规律堆积粘贴在一个平面上，产生半立体效果。

（2）多层堆叠

把切割下来的小块形态一层一层按由大到小的规律叠加粘贴在一起，形成更为丰富的半立体效果。

关键提示 切折技巧

1.切口的目的是增加折叠的层次。切口不宜过大，否则就散了。

2.多切多折时，可以运用重复构成、发射构成、对称构成等。图形的线不要太密集，要方便用手折叠。

关键提示 堆叠技巧

1.可运用重复构成、渐变构成排列，产生层次感和韵律美。

2.单位图形可以是抽象的几何形，也可以是概括的仿生形。

案例展示

通过以上方法可以形成具有肌理和装饰效果的版面，人们运用这种方法设计建筑墙面、屏风、包装等，不仅美观，而且具有特别的功能性，比如折射热量和光线、吸音等。

利用半立体造型规律和方法设计制作的软包装饰墙面

运用切折结合的方法制作的建筑图形卡片

运用切折结合的方法制作的贺卡

运用切折结合的方法制作的装饰画

运用切折结合的方法制作的建筑模型

案例展示

运用堆叠方法制作的壁画

多种形态的堆叠组合成一个画面

用纸张以渐变堆叠的方法塑造的岩石

设计创意使平面图形产生空间效果

堆叠的单元之间留有缝隙

运用切折结合的方法创造的动物形态

堆叠与卷曲结合设计的字母

使用堆叠方法设计的作品

利用堆叠的方法设计的橱窗背景

双色纸堆叠令层次特别丰富

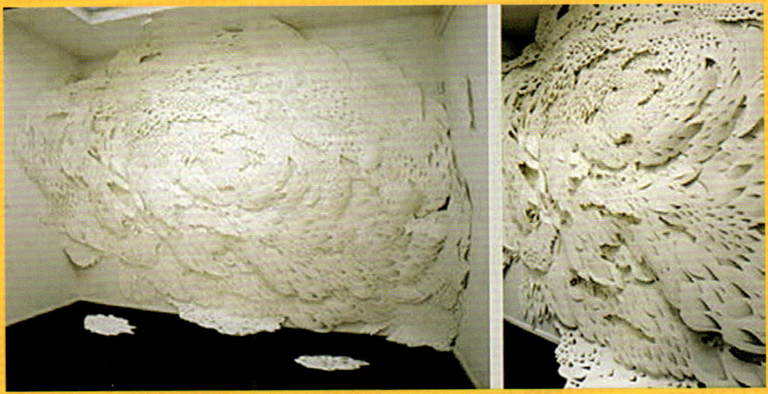

利用堆叠的方法设计的大型艺术作品，加上肌理，产生厚重感

思维拓展　堆叠的方法

用堆叠的方法可创造许多美的形式。平面构成里的很多审美法则均可运用。以下列举几个基本法则，在实践中应根据需要灵活运用。

1.重复的方法产生和谐、规律美

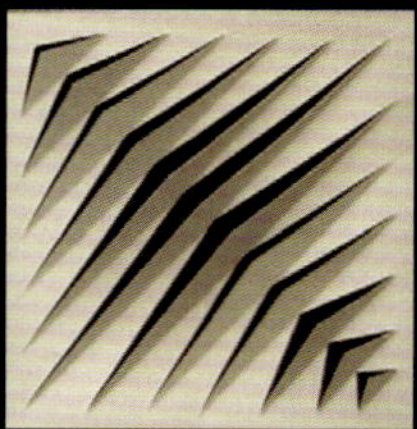

2.渐变的方法产生节律美、秩序感

3.对称的方法产生稳定、平衡美

4.节奏与韵律产生生动、活跃的视觉效果

5.自由组织的方法形成轻松、自然感

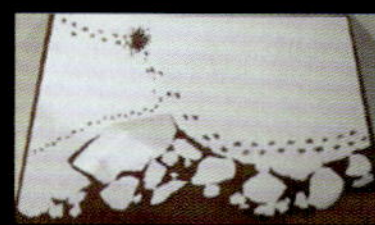

运用切折结合的方法塑造的建筑城池

运用堆叠的方法，结合材料、形式、色彩等美的法则进行创意设计制作的立体构成作品

动手练习

1.运用半立体形态构成的方法，把平面的纸塑造成具有形式美感的半立体形态。

要求：使用15cm x 15cm的方形卡纸，运用切割、折叠、卷曲等方法塑造半立体形态。

完成数量：4—8幅。

2.使用泡沫板、纸板、泥板、石膏板等，运用恰当的方法塑造出半立体形态。

要求：在泡沫板或泥板上运用分割、雕刻、堆叠的方法塑造半立体形态。

完成数量：2—4幅。

小贴士

1.卡纸不宜太厚。切割时刀要锋利，下力均匀，运刀平稳，一刀刻透。用刀背划压痕时不宜用力过大，保证不划破纸张。

2.黏胶可以选择乳白胶或双面胶，如果想快干、黏结牢固，也可选用万能胶。

3.纸板和泡沫板可以找电器包装，想要更好的品质就要到装饰材料城购买。

4.石膏板可以自己制作，用水将石膏粉调和好，倒入大小适合的纸箱，待干后就可使用。

第二节　基本立体形态造型方法

一、何谓基本立体形态

基本立体形态是立体造型的基础单位，它既可以独立存在和使用，也可进行组合再生，产生新的较为复杂的形态。

仿生形态：模仿或参照生物的形态造型，是对自然生物形态的概括和提炼。

抽象形态：对生活中自然形态的主观概括和提炼，如正方体、球体以及由此衍生的具有单纯特点的形体。这种以纯粹的几何观念提升的客观形态，在生活中的运用非常多。

二、仿生形态

人类最初进行艺术表达时，主要是模仿自然界中的生物。从远古的陶瓷器皿、青铜、玉器、石雕，以及建筑上的装饰都能看到大量的仿生设计。中国自古就有崇拜自然、天人合一、人与自然和谐相处的哲学思想。自然造物鬼斧神工，我们可以师法自然，赋予作品主观意识，创造出人们心中之物。中国的艺术在效仿自然之物时更多取其神，而不是完全写实。这种模仿是带有很强的主观意识的，所以我们会看到门前的石狮子千姿百态。

仿生形态的塑造是在神似的基础上创造出来的，是对自然界中生物的形态、结构、功能等特征的模仿。通过对基本形进行添加、组合、改变等方式造型，这些生物形态已经不是生活中真实的样子了，而变成了人们希望的样子。

传统器物中的仿生形态

下面是两种最常用的方法，通过这两种方法的运用，可以创造出仪态万千的仿生形态。

1.简化法

提取生物的典型特征作为造型元素，将复杂的生物形态进行提炼、概括，舍去繁杂的非本质的细节，突出其基本的几何形态和特征，以达到简洁、纯粹的造型效果。

来源于生物的艺术造型

2.装饰法

把生物形态进行概括表达，使之具有生物的典型造型特征，然后运用符号化或图案化的图形来装饰，替代原有的杂乱、随意的细节。

案例展示

仿人物形态的开瓶器

仿动物形态的工艺品

动手练习

1.运用简化方法设计制作一个动物立体造型和花卉立体造型。

2.运用装饰法设计制作一个动物立体造型。

小贴士

把动植物的形态规则化、规律化、几何化。装饰时可以采用剪刻、折叠、附加的方法。

三、多面体

1.多面体造型方法：切、折、黏

（1）正多面体

又称柏拉图多面体，包括正四面体、正六面体、正八面体、正十二面体、正二十面体。这五种多面体具有高度的对称性和规则性，其各个面都是全等的正多边形。

正四面体

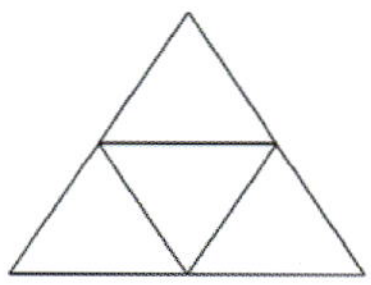
正四面体展开图

棱边的1/3处切顶角

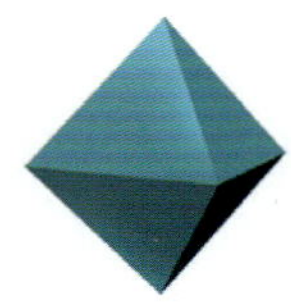
棱边的中点处切顶角

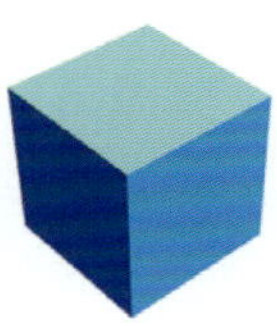
正六面体

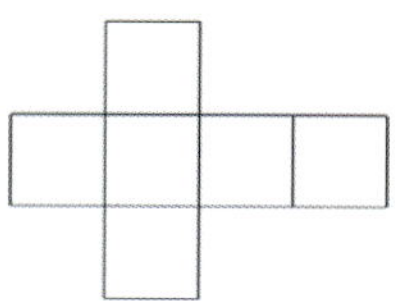
正六面体展开图

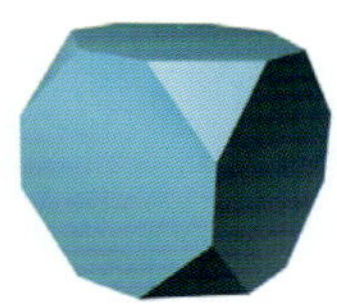
棱边的1/3处切顶角

棱边的中点处切顶角

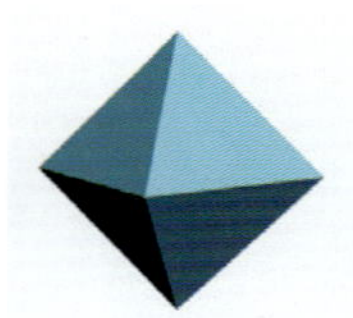
正八面体

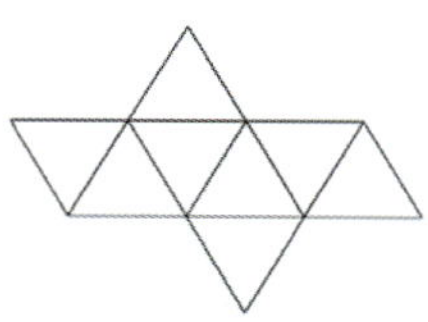
正八面体展开图

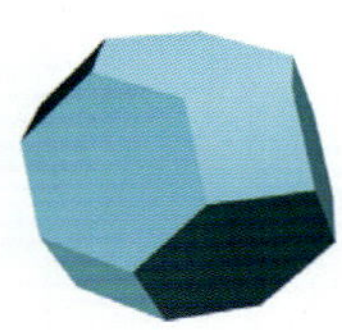
棱边的1/3处切顶角

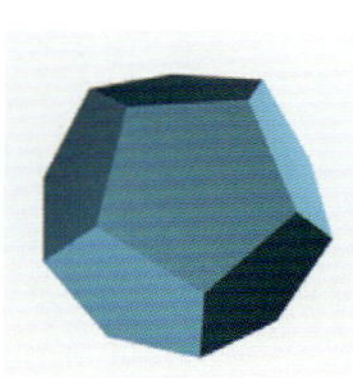
正十二面体

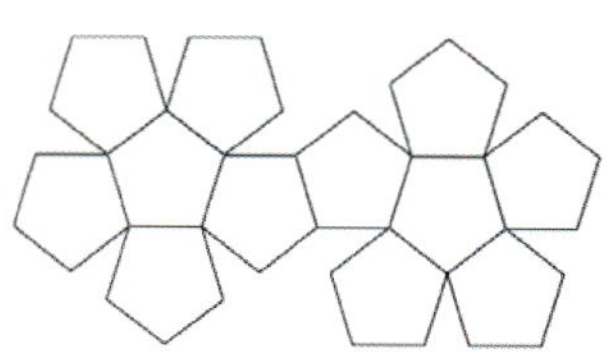
正十二面体展开图

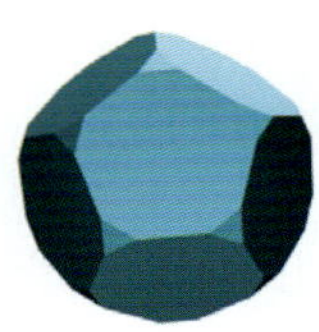
棱边的1/3处切顶角

棱边的中点处切顶角

正二十面体

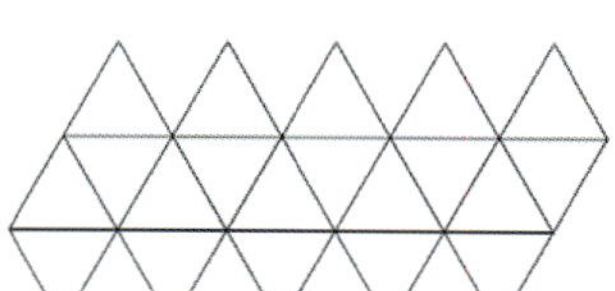
正二十面体展开图

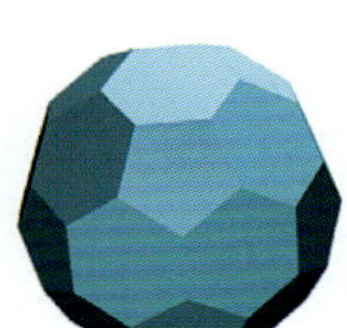
棱边的1/3处切顶角

特征：所有的面都是全等的正多边形，每条棱的长度都相等，每个顶点处连接的棱数相同。

（2）阿基米德多面体

阿基米德多面体是以柏拉图多面体为基础发展而成的由两种或两种以上的面构成的造型。以正多面体为原型，切掉其顶角，被切割后的位置形成一个新的正多边形的面，且所有顶点都等价。

（3）组合多面体

把多面体的每个面分开制作，然后按一定规律组合在一起，形成一个多面体。运用半立体形态构成的方法制作每一个多边形面，通过圆盘式组合、积聚形成一个复杂的多面体，层次丰富，具有和谐的秩序美。

2.多面体的造型变化

对多面体的表面、棱、角进行挖切、折叠、附加，产生更为丰富的形态变化。

（1）面的变化

（2）棱的变化

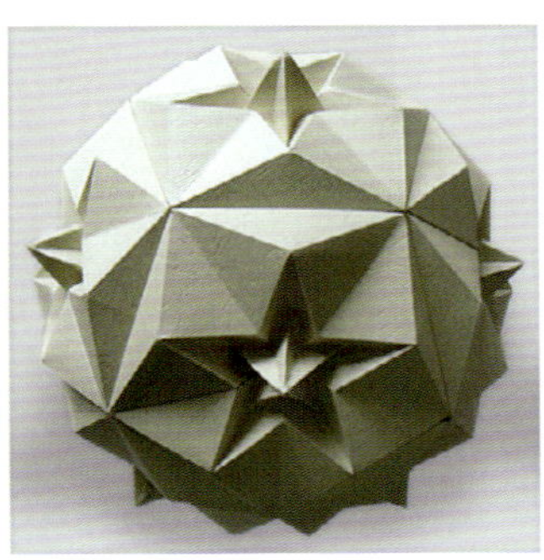

（3）角的变化

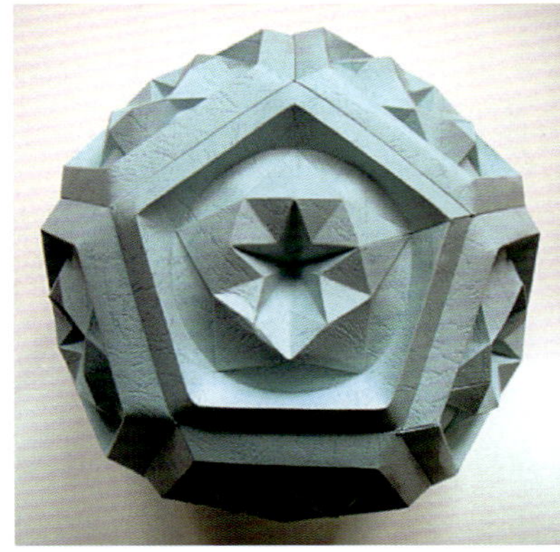

由12个五边形半立体组合而成的多面体

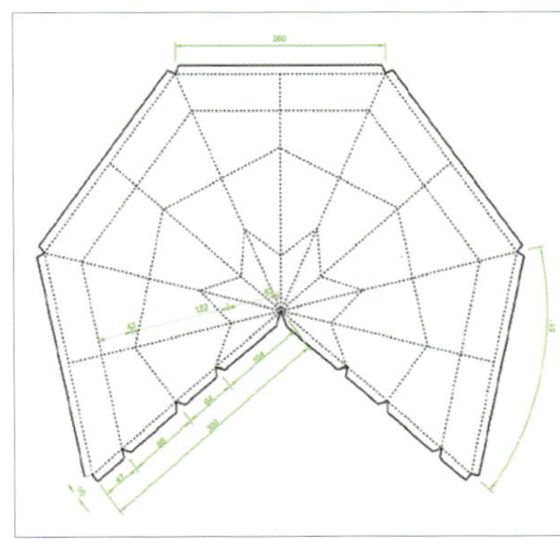

展开图

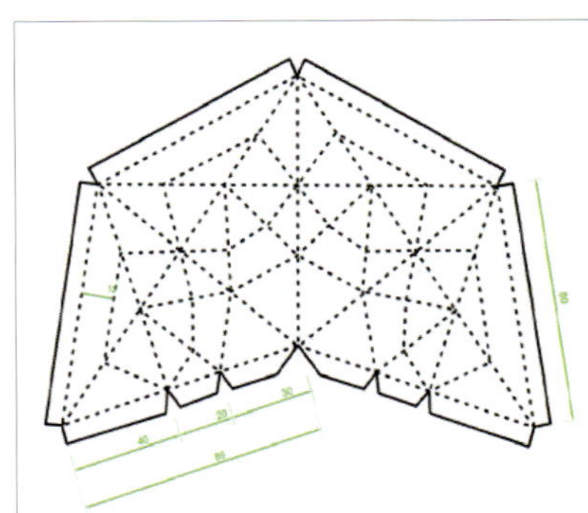

展开图

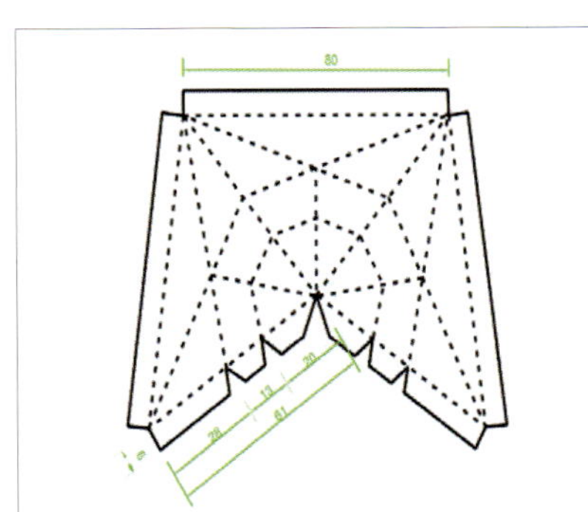

展开图

四、曲面形态

1.自由曲面

在一个形体内进行或单纯或反复的曲面切割、弯曲，使外形呈曲面立体形态。

自由曲面的形态创造训练可以通过多种材料来实施，一是卡纸，二是泥、肥皂或石膏，它们各有特点。

2.柱形曲面

柱形曲面是先将面材卷曲成柱状，再对柱体的曲面进行各种变化处理。与棱柱体相比，柱形曲面没有柱棱，柱面为曲面。

3.单曲面、双曲面、多曲面

单曲面是指由一条母线沿着一条导线运动，且母线在运动过程中始终保持与某一平面平行而形成的曲面。单曲面具有平滑、连续的特点，常被用于创造简洁、流畅的造型，能给人带来柔和、优雅的视觉感受。双曲面是由一条直线绕着另一条与它异面的直线旋转而形成的曲面。多曲面是指由多个不同的曲面组合而成的复杂曲面形态。这些曲面可以通过不同的母线、导线以及运动方式生成，并且它们之间相互连接、过渡或相交，形成丰富多样的形态。

泥是塑造双曲面和多曲面形态最好的材料。石膏和肥皂通过切割和打磨也可塑造双曲面形态。光滑、流畅的曲面可产生柔和、不可捉摸的视觉感受。

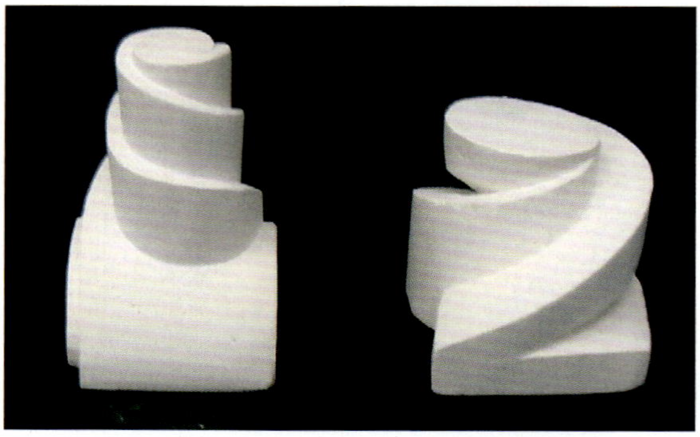

运用切割、打磨的方法，利用石膏块塑造的单曲面形态

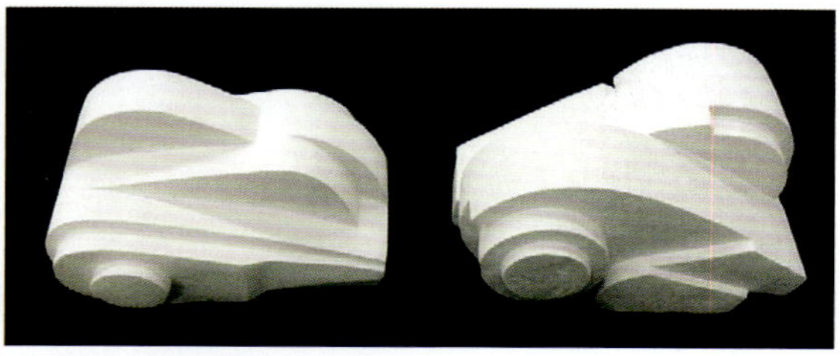

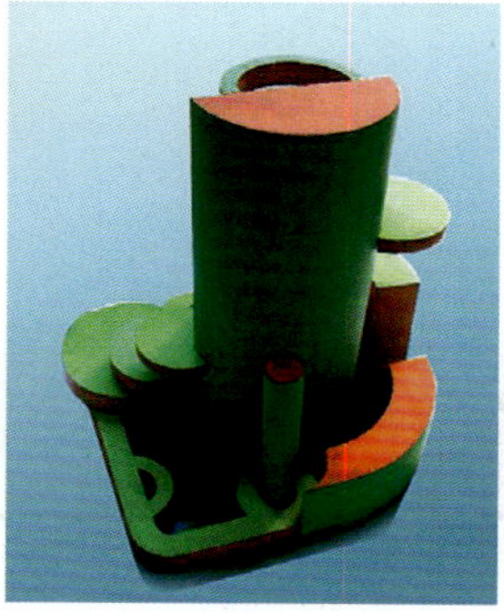

用切割、弯曲、粘贴的方法，用卡纸塑造的单曲面形

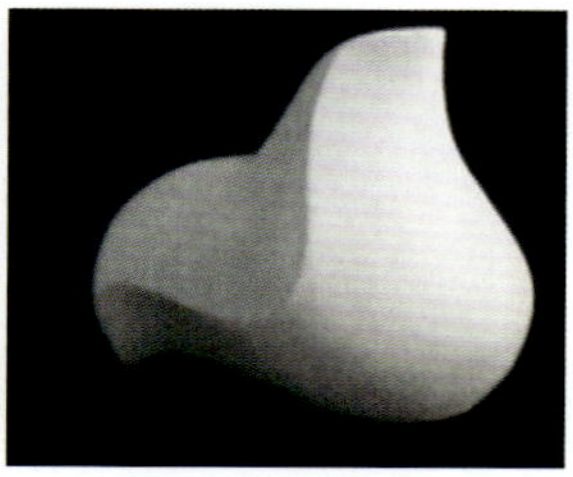

石膏制作的仿生形态

动手练习

1.使用卡纸制作一个正八面体、正二十面体并组合多面体。

要求：多面体的边长不小于6cm，制作工整细致。

2.使用卡纸制作一个单曲面体，使用泥、肥皂或石膏制作一个双曲面体。

要求：造型有趣味性，能与生活中的物品联系起来。最长边尺寸不小于15cm，制作工整细致。

思维拓展　曲面与柱体构成的创意

通过对局部的变化、装饰，如镂刻、附加装饰图案等赋予柱体与曲面全新的视觉效果，从而使我们产生新的创意，与生活中的一些物品产生联系，如运用于灯具、饰品、服装、建筑设计等。

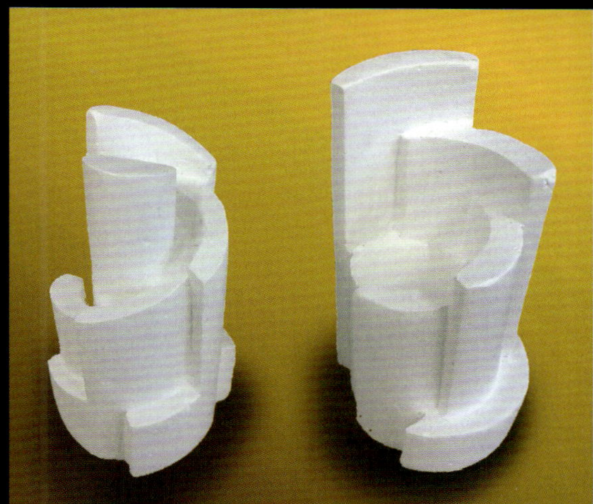

用两层卡纸制作的灯具造型创意

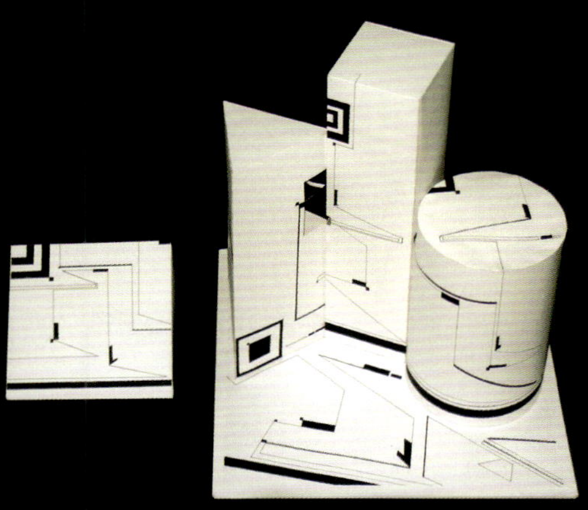

用卡纸制作几何形体，组合在一起，然后画上图案，把平面构成与立体构成结合起来。在装置艺术、展示设计、建筑艺术以及工艺品设计方面均可应用此方法

小贴士

1. 采用230克的皮纹卡纸或有色卡纸制作比较有效果。

2. 秩序感很重要，采用渐变排列和有节奏的方法产生的形有序而不呆板。

3. 生活中很多物品的形态来自拟态设计，具象与抽象结合可以创造很多有趣的形体。

4. 使用石膏制作时先要绘制草图，然后用刀片切出大形，最后用砂纸打磨细节。

思维拓展 创意地运用立体构成方法

1. 构造光影世界

综合运用立体构成方法塑造变幻莫测的光与影的世界。

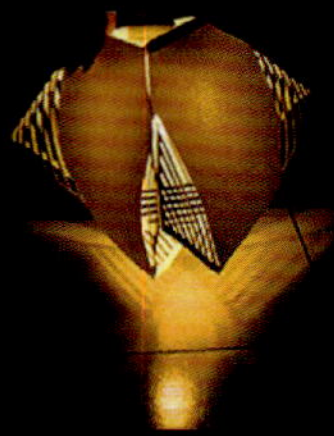

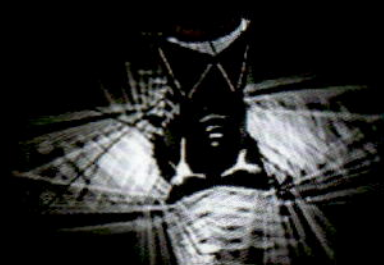

2. 材料与创意生活

通过联想的方法，把生活中现有的一些物品与某些意象结合起来，组合成颇有意趣的造型。

用多种材料表达牛的概念。所有物品都可以被当作造型的材料，关键是巧妙运用。趣味性和意向性是重点

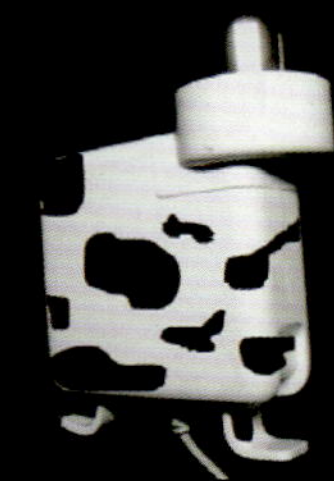

创意灯具造型

3. 折出来的故事

运用纸张造型的各种方法表达故事场景

动手练习

1.运用半立体造型的原理和方法，制作一个创意立体形态。

要求：形式新颖，制作精致。

2.综合运用立体形态构成方法，结合生活中的物象，制作3个有趣的创意造型。

要求：创意新颖，有形式美感，制作精致。

小贴士

可以从材料方面考虑创新，根据材料的特点做思维发散，还可以考虑结合一些生活中的物品做拓展，可以有实用性，也可以是一种概念，可综合使用各种表达手法。把生活中的自然形态或生活用品形态与造型方法和材料串联起来思考。

案例展示

服装设计领域的半立体造型方法应用

按照切、折、重叠的方法创造花形半立体形态单位，再根据服装结构重复组合排列

用物品与块体组合成基本形态，再按服装款式排列组合

包装设计领域的立体造型方法应用

通过多面体的变异设计的创意盒子造型

以柱体形态为基础的各式包装瓶

自然形态的包装

以几何形态为基础的包装盒

产品设计领域的立体造型方法应用

几何形态的凳子

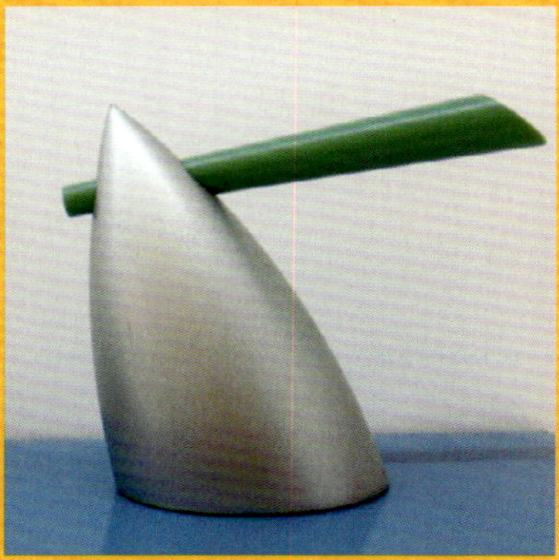
以圆锥形态为基础的水壶

拟人形态的调料瓶

曲面形态的文具

仿生形态的调味瓶

表面为半立体效果的矩形沙发

建筑设计领域的半立体和立体造型方法应用

抽象形态的雕塑

半立体雕塑墙

以抽象形态为基本构成的苏州博物馆

展馆灯光

利用切折和堆叠的方法构建的外墙

半立体效果的上海世博会西班牙展馆外墙

第四章
面立体构成与训练

第四章 面立体构成与训练

第一节 面的基本形态与特征

由面构成的立体形态在自然界中有很多，如核桃壳、贝壳、蛋壳、花朵、大白菜等。人工构成的面立体造型有建筑物、服装、工业产品等。自然界丰富的面材所构成的千变万化的立体形态，不但向我们展示了无穷的视觉造型美感，更给我们提供了造型设计原理。它就像一座宝藏，从里面可以挖掘无尽的灵感，给予我们许多设计的启示。

一、面立体构成的概念

面是由线的排列或体的切割所形成的。在立体构成中的面是指具有长度、宽度、高度的三维空间形态的面材。通过对各种面材进行切割、折叠、弯曲、组合等处理，把面材按照有一定意味的形式构成具有三维空间形态和视觉美感的新形态叫面立体构成。在生产、生活的各个领域，利用面材的组合可以形成形式多样、千变万化的空间立体形态。

面的构成常用的材料有卡纸、有机板、木板、玻璃、塑料片、ABS板、KT板、金属板、泡沫板、皮革、装饰面板、纤维面料等，以及可以分割成面状的材料。

生活中的面材构成

二、面的基本形态与特征

面材的形态特征呈平薄状，具有延展感，看侧面边缘处近似线材，从正视面观看其形态又近似于体块的表面，有厚实感。

面材从空间形态上可分为直面和曲面两种形式。直面可分为限定直面和非限定直面。曲面可分为限定曲面和非限定曲面。面材还可分为几何形、有机形、偶然形。

1.限定的面

简单来说，限定的面就是人自己可以预测的面。它是通过人的理性思维归纳整理出来的形态，可复制。它可分为有机形态和几何形态。限定形态的面会让人感觉明确、理智、有秩序感。

2.非限定的面

可以把它理解为自然而然形成的，是不规则的、不可复制的，不受设计者的影响。比如说泼在地上的一摊水、墨等形成的面，都属于非限定的面。非限定形态的面具有强烈的流动感、偶然性，它们没有固定的几何形状，能给人带来富有变化、灵动、自由的视觉感受和心理体验，为立体构成作品增添独特的艺术效果和创意表达。

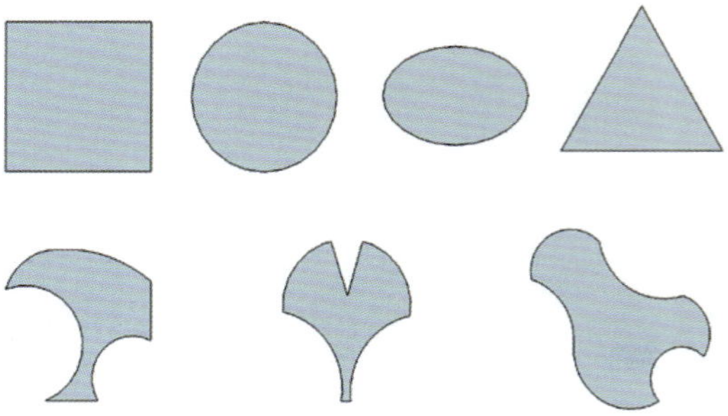

限定直面

限定曲面

案例展示

仿生学设计——美观、富有韵律的脊椎楼梯

透着曲线美的木制椅子

躺椅——理智、明确的面的变化

智利“White O”别墅——面的变化，创造出独特的空间层次

德国斯图加特市新图书馆——面的层次感，营造出秩序美

案例展示

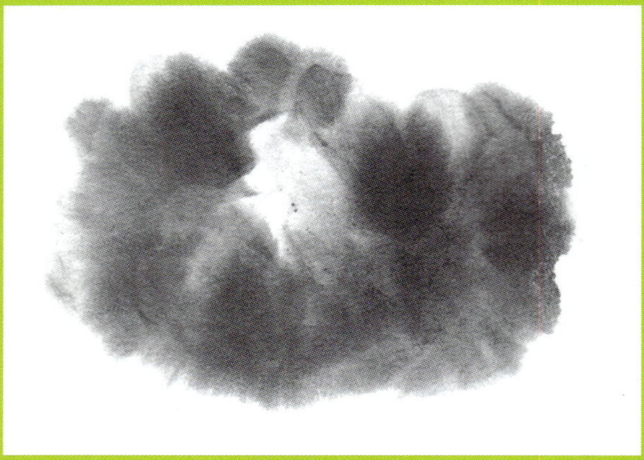

晕染的墨迹形成的非限定的面

干裂的土地形成的非限定的面

树干上生长的菌类形成的非限定的面

植物的叶子形成的非限定的面

由太空俯瞰地球表面所看到的非限定的面

北极冰面的非限定的面

第二节　面立体构成的形式

面材具有平面感和延展感，要将其转换为立体感较强的形态，需进行折叠、切割、弯曲、组合等加工以形成立体造型。面材比线材的功能性更强，比块材更具灵活性，在各类造型设计中都是非常重要的材料，将其巧妙运用可产生线、面、块的多重特点。面材的大小、方向、位置、距离和具体形态是影响层面排列造型特征的关键因素。

应用面材的形态进行空间立体造型，主要有以下几种构成形式。

一、面材的层积立体组合

1.何谓面材的层积立体组合

面材的层积立体组合也叫面材的层面排列，是用若干个面材（直面或曲面）有秩序地层层排列组合成立体形态的空间构成方法。构造面立体的形态需要设计者精心构思，让形态灵活的面材按照大小、距离、位置、方向的排列，使立体造型变得丰富多样，凸显面材层面排列的视觉魅力。

2.层面的排列方式

可分为直线排列、渐变排列、曲线排列、放射排列、错位排列、旋转排列等。

在做渐变排列的时候，除了面形的大小渐变，还有面形的宽窄渐变、高低渐变等，比如从方到圆、从椭圆到圆再到方的渐变等。

（1）层面直线排列

方向不变，间距相当。

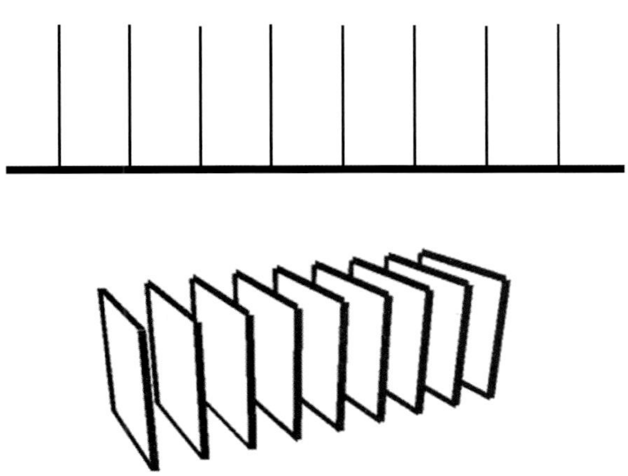

（2）层面渐变排列

某种有规律的渐变排列形式。

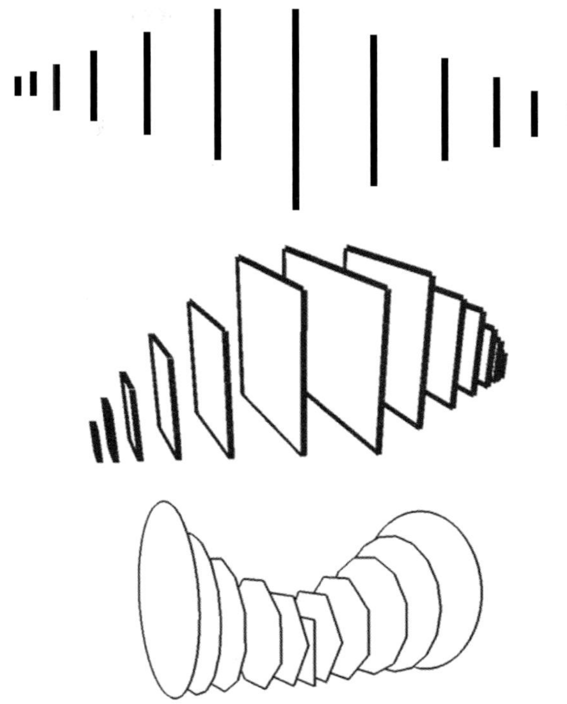

（3）层面曲线排列

按照一定的弧线轨迹进行排列，间距相当。

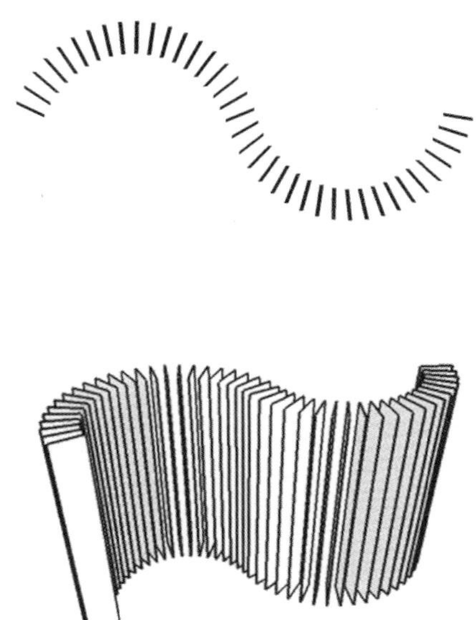

（4）层面发射排列

方向不变，间距相当。

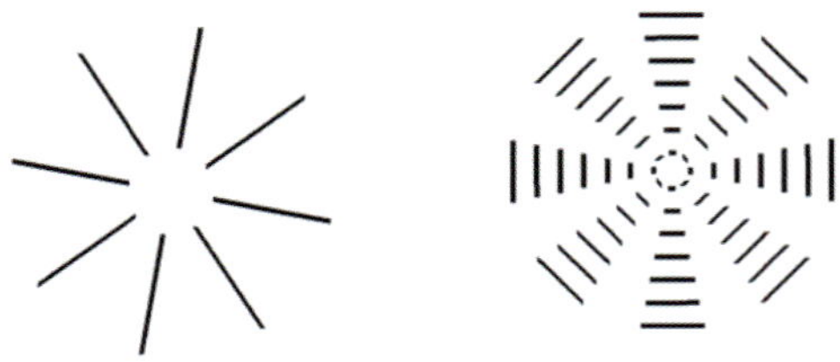

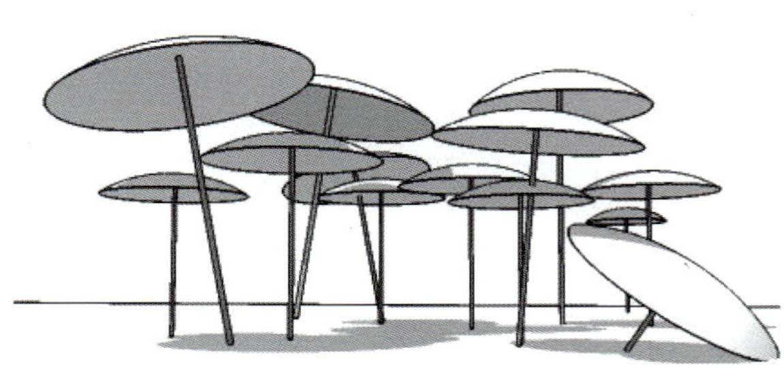

（5）层面错位排列

位置改变，间距相当。错位排列分为理性错位排列和自由式错位排列。

①理性错位排列

非常有目的性和严谨性，考虑到每一个单元体错位的具体位置，然后再将其有序地组合起来，所以给人以理智感和秩序感。

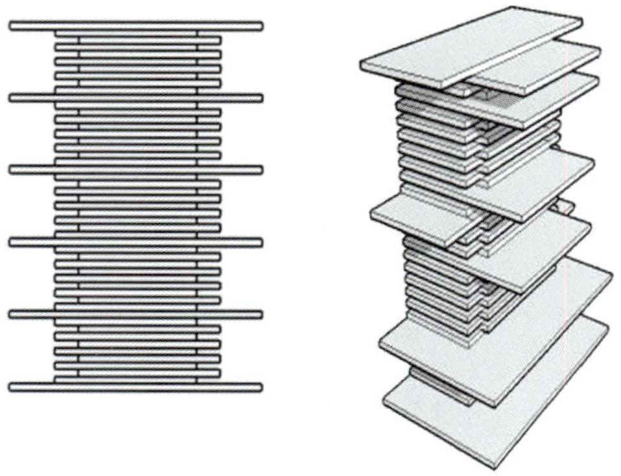

②自由式错位排列

虽名为“自由”，但主要指在排列形式上区别于之前的规律。面材的大小、方向、位置、距离等层面排列比较灵活自由，形散而神不散。灵活多变是这种排列方式最大的特点。

（6）层面旋转排列

就是按照物体旋转的轨迹进行排列组合，方向改变，位置产生规则性变化，间距随之变化。

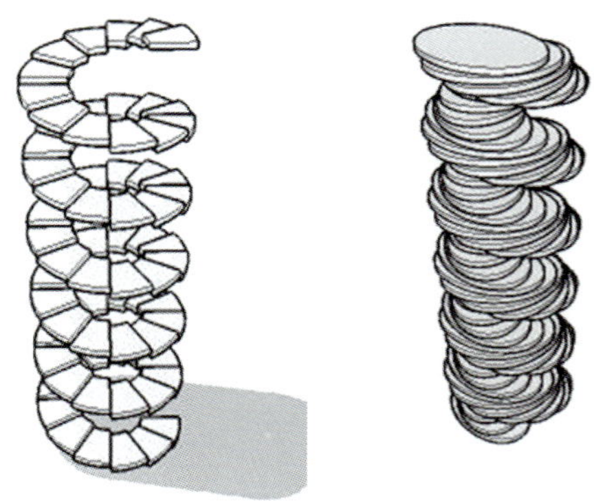

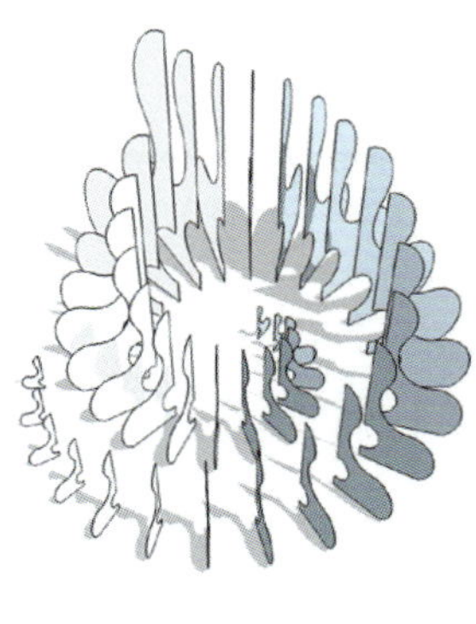

案例展示

玻璃构成的旋转排列

玻璃构成的自由式错位排列

玻璃构成的自由式错位排列

塑料、玻璃构成的自由式错位排列

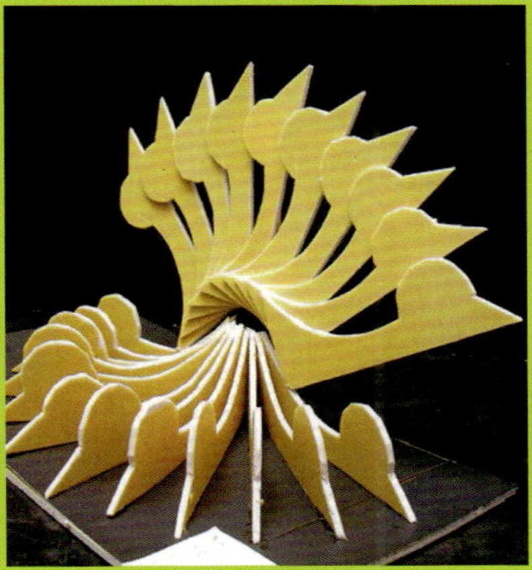

KT板构成的旋转排列

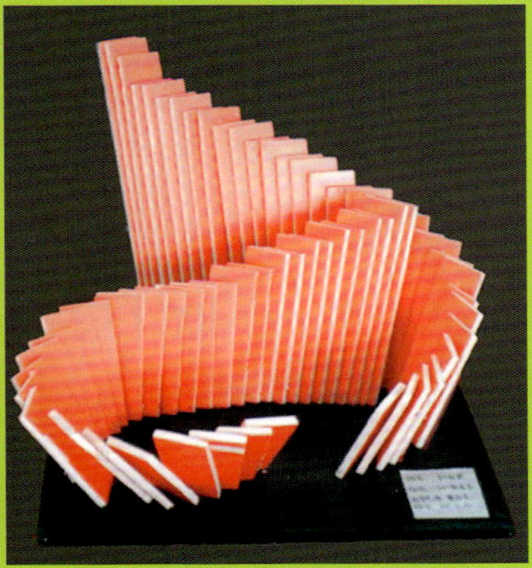

KT板构成的旋转排列、渐变排列

泡沫板构成的渐变、错位、旋转排列

ABS板构成的渐变排列

瓦楞纸与卡纸构成的渐变排列

案例展示

纸板构成的渐变排列

纸板构成的渐变、旋转排列

纸板构成的渐变、发射排列

卡纸构成的旋转、渐变排列

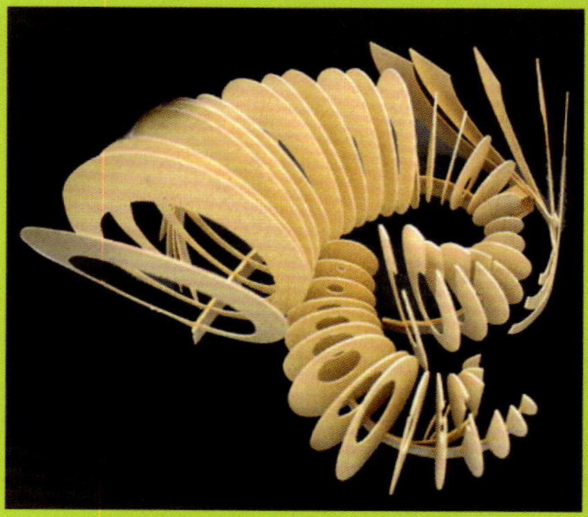
卡纸构成的旋转排列

卡纸构成的渐变排列

卡纸构成的旋转、渐变排列

卡纸构成的渐变排列

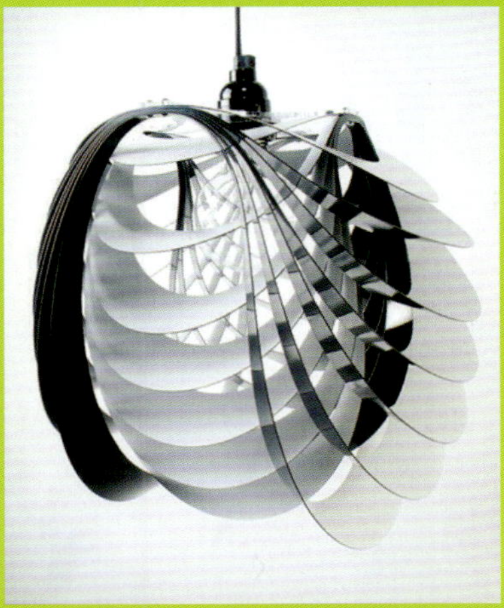

斯图尔特·芬格赫特设计的吊灯，采用曲面的垂直渐变排列

这件电话簿礼服由若丽·帕昂用废旧电话薄纸张制作，通过折叠、层压或树脂涂层强化结构，采用了面材的直线和渐变排列

葛笛设计的手工铜灯，分别采用面的直线排列和面的自由式错位排列

马克·格雷斯设计的电瓶车防盗壳，采用了面材的旋转排列

由GGLAB建筑工作室设计完成的流动性装置作为一个公共空间，诠释了现代城市可持续发展设计的多种创新的可能性。此设计围绕形态上的“流动”展开。曲线与动态结构，采用参数化设计和柔性材料（如ETFE膜、轻质金属网），塑造无棱角的有机形态，模仿水流、风动等自然韵律。在这个设计中，设计师综合性地运用了面的层积排列构成，如曲线排列、旋转排列、蜂巢结构等，通过重复的几何单元组合，形成整体流动感

比贾克·英厄尔斯建筑事务所设计的维尔海姆斯罗小学校，采用了层面的错位排列

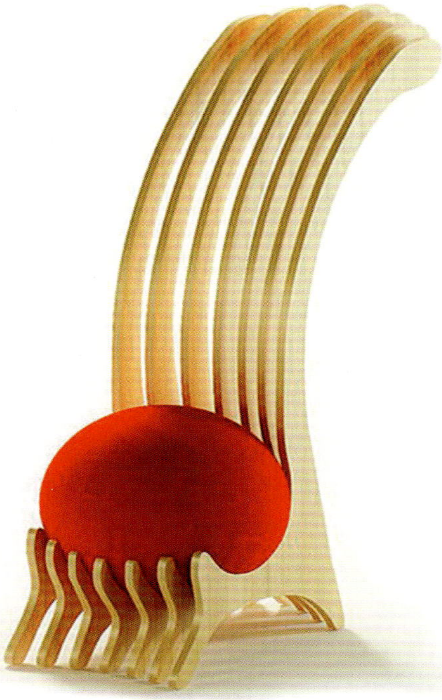

亚历山大·克里斯托夫用弹力球和木板的层面直线排列设计的《旭日椅》

设计师把一次性纸杯切割一半后，再将其错位叠加排列在一起，构成一个独特的壁灯灯罩

小贴士

1.尽量选择可塑性比较强的材料。

2.排列尽量不要过于单一，使用两种或两种以上方法排列比较好，比如旋转排列和渐变排列结合。

3.作品尽可能具有实用性，如灯具、家具、建筑、雕塑等。

动手练习

运用面材的层积立体组合的方法，制作出层面排列作品。要求：

1.面材不限、面的形态不限、排列形式不限。

2.作品尺寸不小于20cm x 20cm。

3.单元面材不少于10个。

4.根据自己所学专业进行构思，选择理想的材料加工构造，注意整体造型的美感。

5.作品完成后，放置在与其色彩不同的底座上，底座尺寸不小于50cm x 50cm。

二、面的插接构成

1.何谓面的插接构成

主要是研究面与面的结构节点，在相互构造的面材上进行切缝，然后相互插接组成立体形态。此种构造方法不需要任何黏合剂来加固插缝结合处，靠插接后相互勾住产生的力连接，并方便拆散再组合。

2.面材的插接构成方式

一般分为两种：一种是分别在两条平面纸板上切割缝口，根据不同的切割次数和切割方向，彼此对应相互插接，获得不同形态的接合方法。这种接合方法主要用于包装盒的封口或包装盒内部的隔断。另一种是先构思好用平面板材构造的形态，然后分别在若干相同或相似的平面板上切割缝口，计算好切割缝口的数量，再相应集合插接，构造成不易脱落的立体组合形态。此种接合方式主要用于办公用品、商品展示、家具等造型的结构上。

活泼、自然、生动的插接方式

关键提示 面的插接的注意事项

1.每个单元体需精心设计，选中的面材最好有一定的厚度。

2.特别注意的是在插接的时候不要先固定在底座上，以免原有的设计构想受到限制，最好是一组一组地插接好后再固定在底座上。

3.注意单元体之间切缝口的深浅与宽度相对应，缝口过大，容易脱落，缝口过小常插不到位，要注意坚固性和稳定性。

插接步骤图

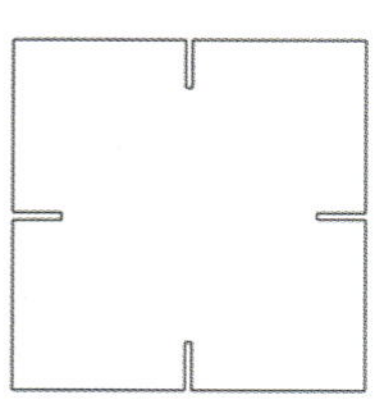

步骤一

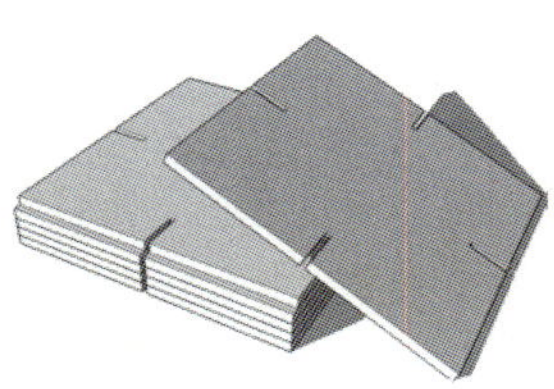

步骤二

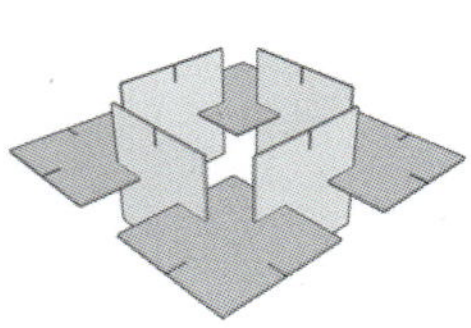

步骤三

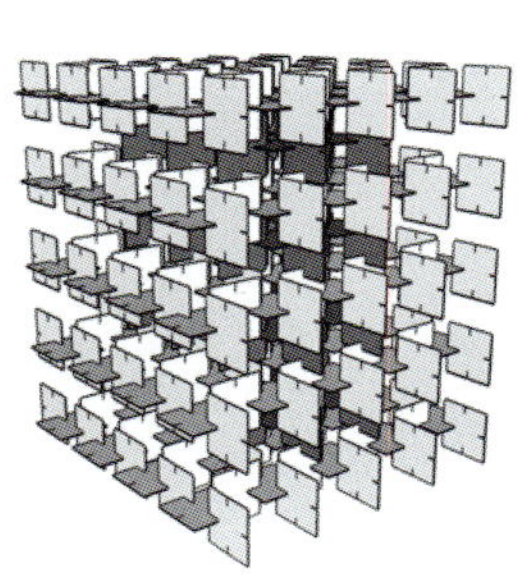

步骤四

动手练习

采用面材的插接构成方式完成一组有创意的插接式立体构成。

要求：

1.参与插接的单元形平面板材不少于8个，不要使用黏合剂接合。

2.作品尺寸不小于20cm x 20cm x 20cm。

3.根据自己所学专业进行构思，选择理想的材料加工构造，完成后的作品可使用喷涂、彩绘等方法进行装饰，以突出作品的个性和美感。

4.插接缝口不易脱落，作品稳固。

小贴士

尽量选择方便切割、不易变形的面材，也可利用身边常用的面材，如纸杯、矿泉水瓶等。

基本插接结合示意图

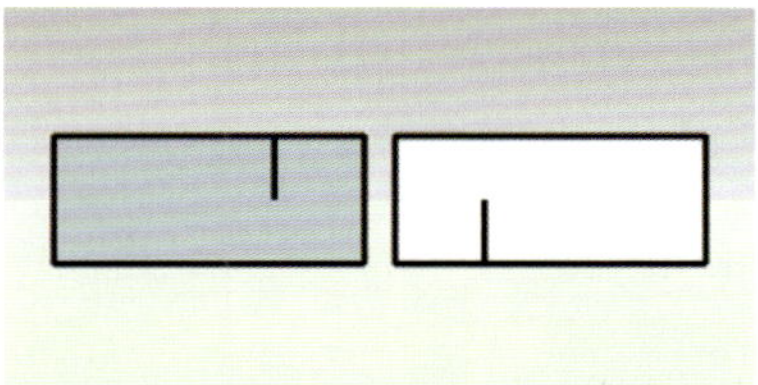
步骤一

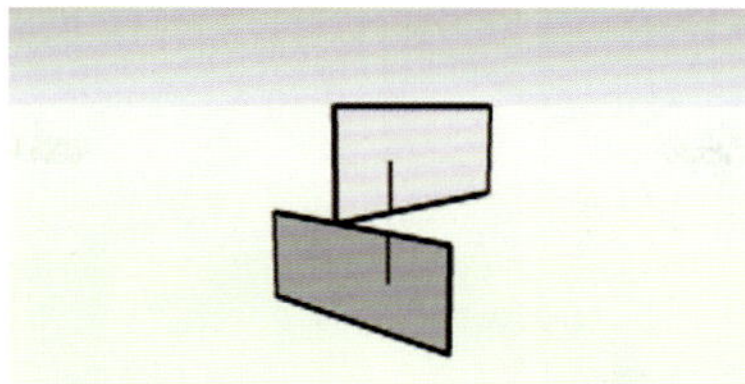
步骤二

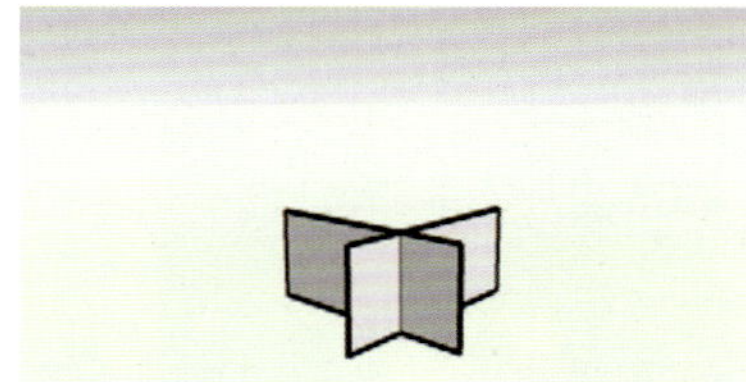
步骤三

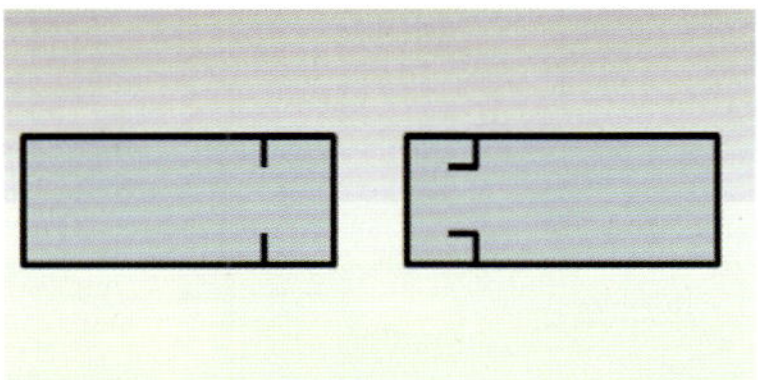
步骤一

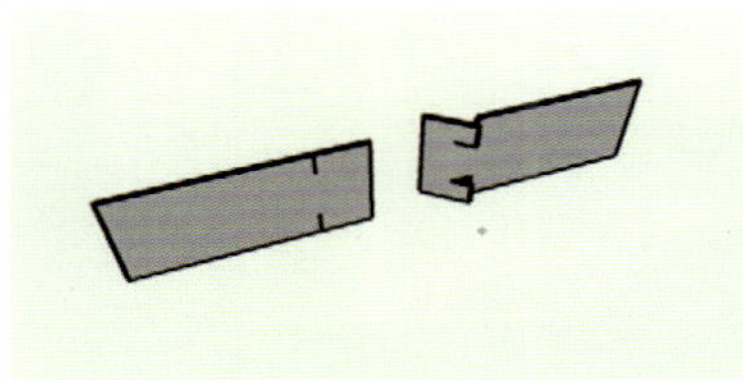
步骤二

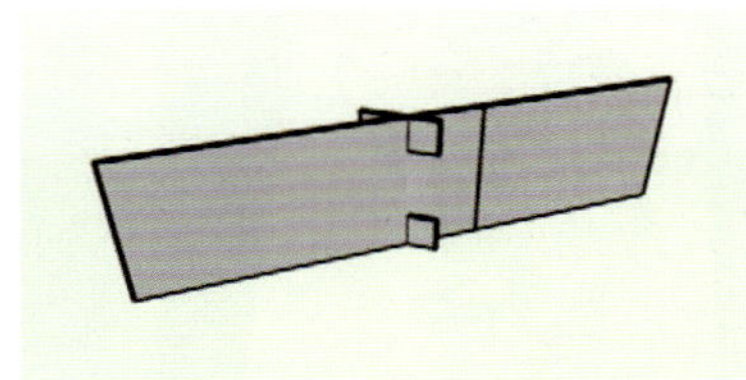
步骤三

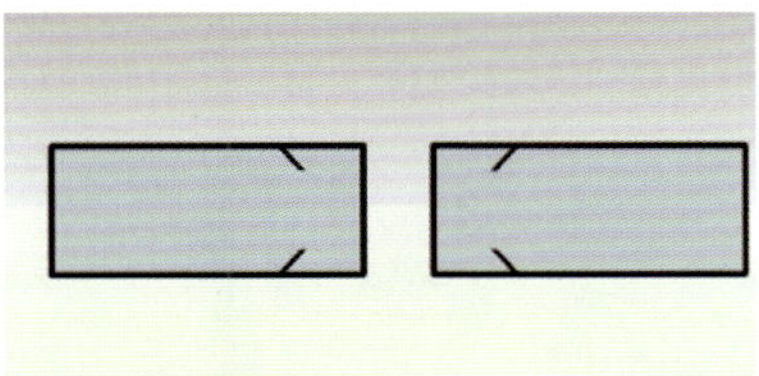
步骤一

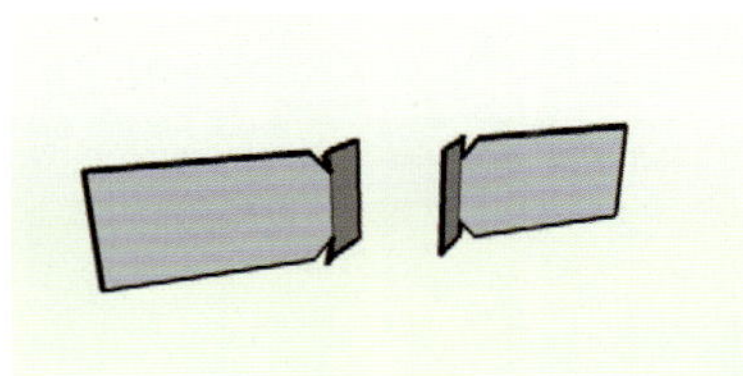
步骤二

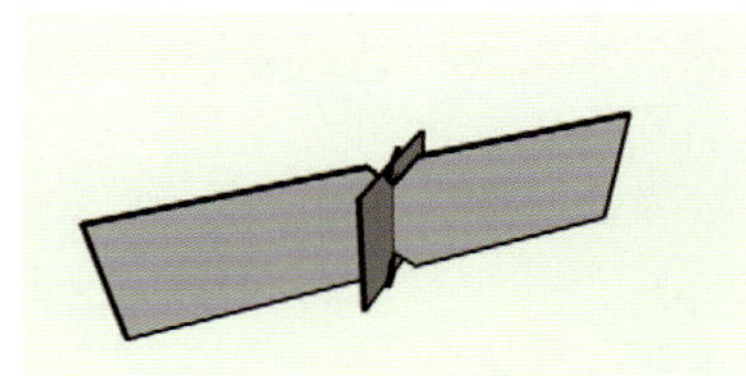
步骤三

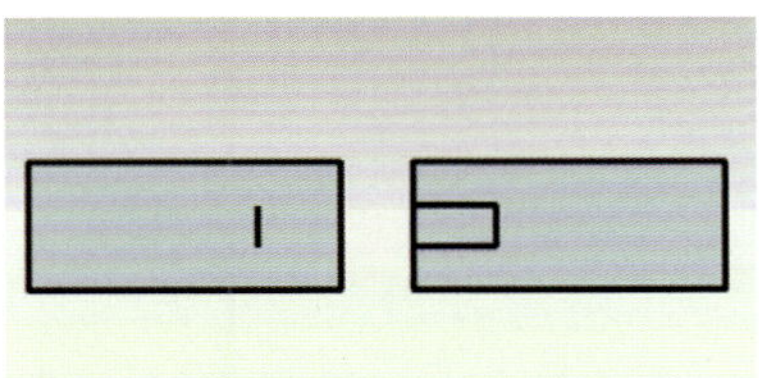
步骤一

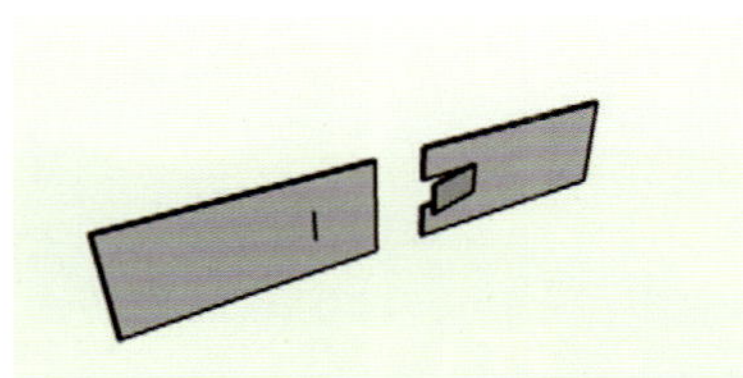
步骤二

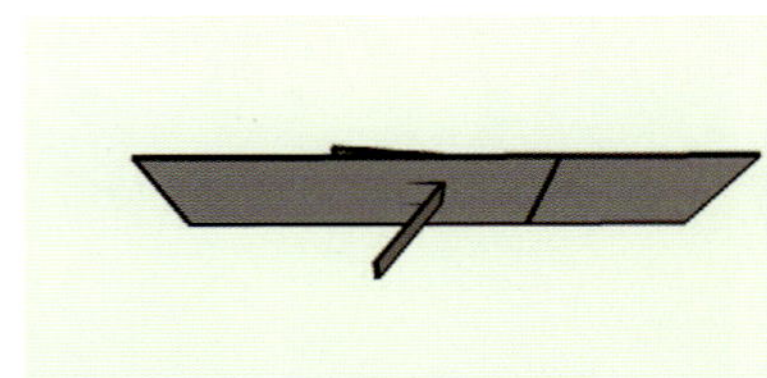
步骤三

学生作品：面的插接

案例展示

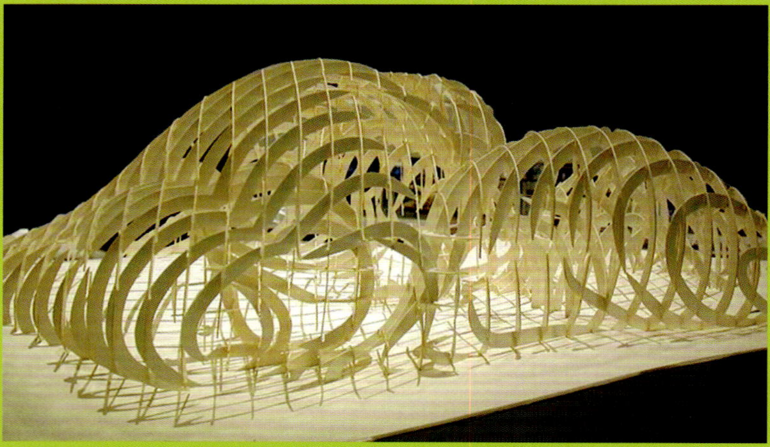
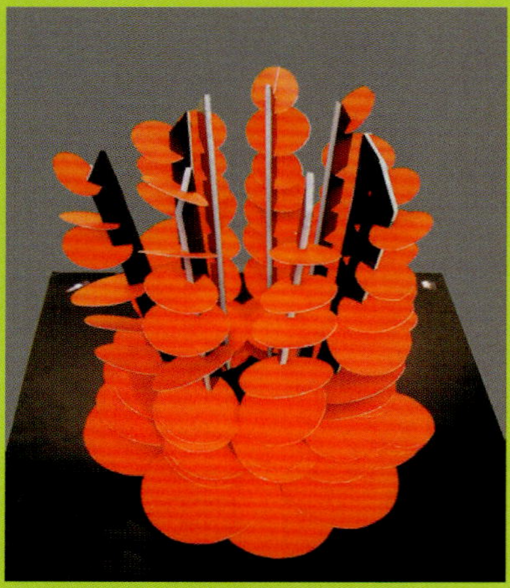

在选材和整体形态的把握上，以上8幅作品的设计者都做了精心的构思，使插接缝口比较稳固，整体造型具有韵律美

三、柱式立体构成

1.何谓柱式立体构成

在平面的卡纸上进行弯曲、折叠等形态的构造，然后将折叠前预留的边缘粘连在一起，形成透空的柱体造型。以面材为基础，通过卷曲或折叠形成柱体形态，包括圆柱体、平行四边柱体、三棱柱体和八棱柱体等。在这些柱体上进行切割、翻转、插接、粘连等加工，可制作出有美感的柱式立体形态。

2.柱式立体构成的变化方式

（1）柱端的变化

就是在柱体的两端进行造型设计。柱端的设计简洁还是复杂，可根据柱体设计的整体效果来确定。

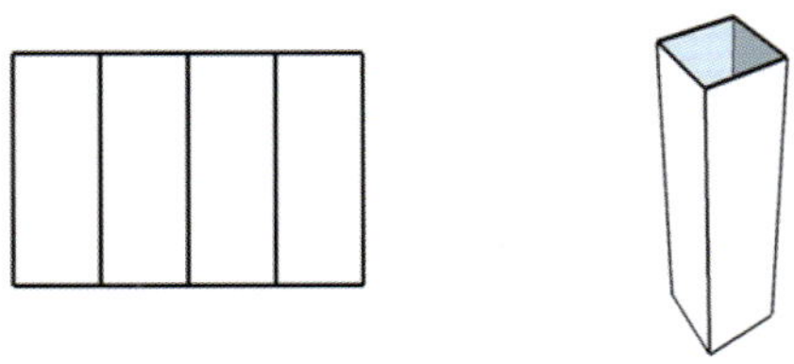

基本柱体展开图

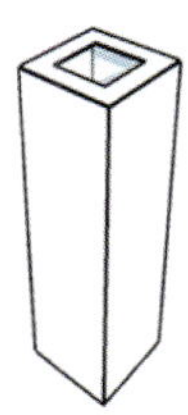

柱端变化一

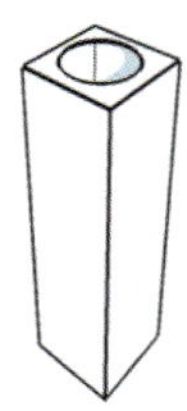

柱端变化二

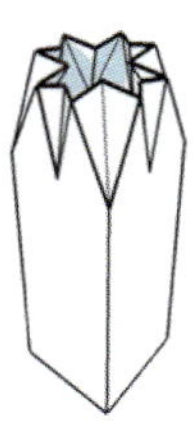

柱端变化三

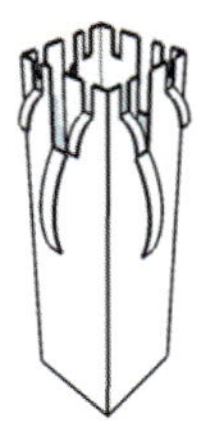

柱端变化四

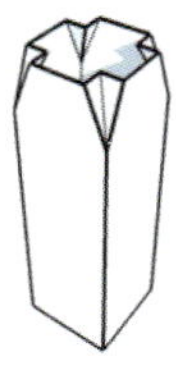

柱端变化五

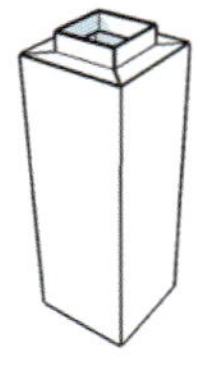

柱端变化六

（2）柱棱的变化

柱棱是连接柱面之间的转折边缘线（圆柱体除外）。可将柱棱的单折直棱线变为双折直棱线，使边线不平行，同时采用弯曲及折叠等方法设计柱棱造型。

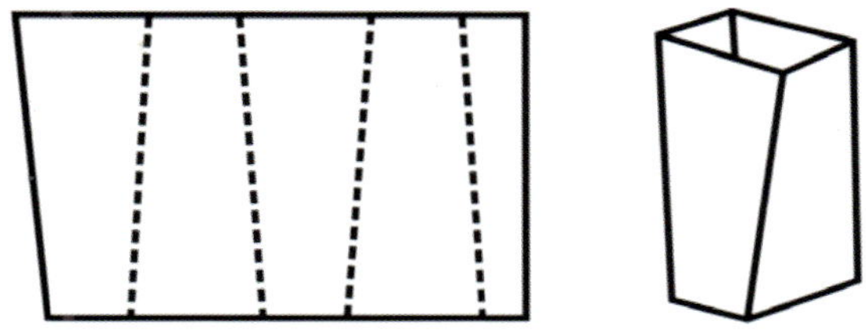

柱棱变化一

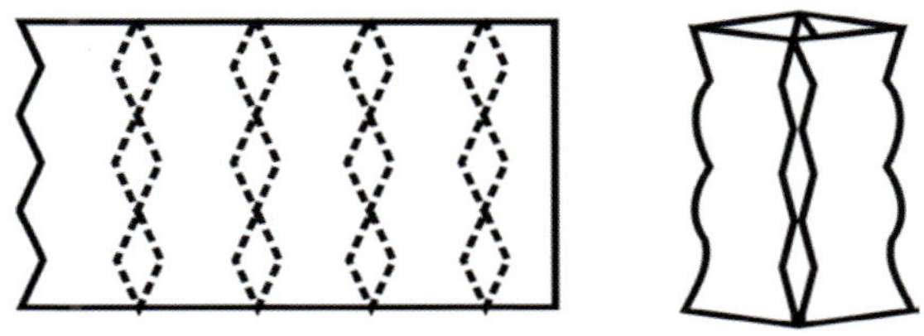

柱棱变化二

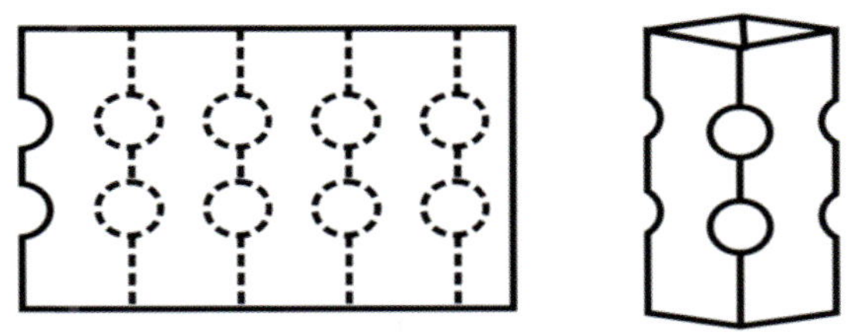

柱棱变化三

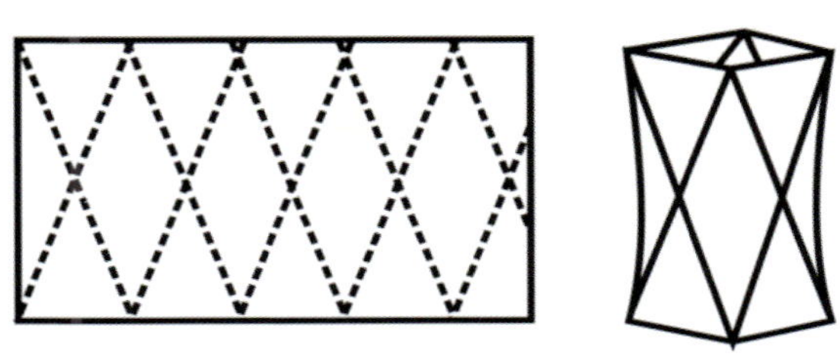

柱棱变化四

柱棱变化五

（3）柱面的变化

柱面是指柱棱之间的平面。可通过对柱面的切割、折叠、拉伸等加工方法来进行造型设计。

①圆柱体柱面变化

面积比较大，切割比较灵活，造型也比较灵活。

②棱柱的柱面变化

虽然要受柱边的限定（不平行边、曲线的边、折线的边等），但这种多向式限定会给我们带来设计上的自由，产生丰富的柱面变化。

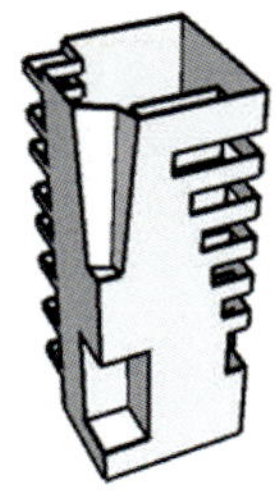

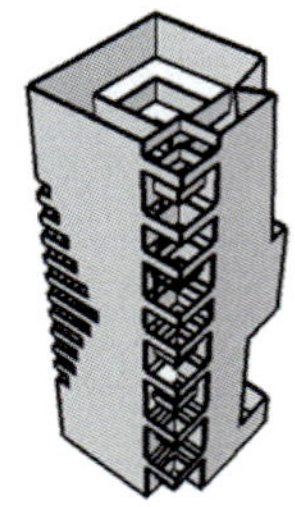

小贴士

1. 材料最好选择卡纸、皮纹卡纸，方便折叠、弯曲。

2. 在用硬笔画线时力度要适当。

动手练习

柱式立体构成练习

1. 采用折叠或卷曲的方法制作一个直径不小于8cm的柱体，然后对柱端、柱棱、柱面进行加工改变。柱体的形态不限。

2. 造型不要过于复杂，确保柱体的整体形态稳定。

思维拓展 采用插接方式的创意设计

荷兰设计师David Graas采用插接方式设计的以生态环保为目的的纸板家具

通过插接方式设计的仿蘑菇形态的灯具

设计师通过面材的插接方式设计的书架

用插接方法设计的“都市阳伞”

案例展示

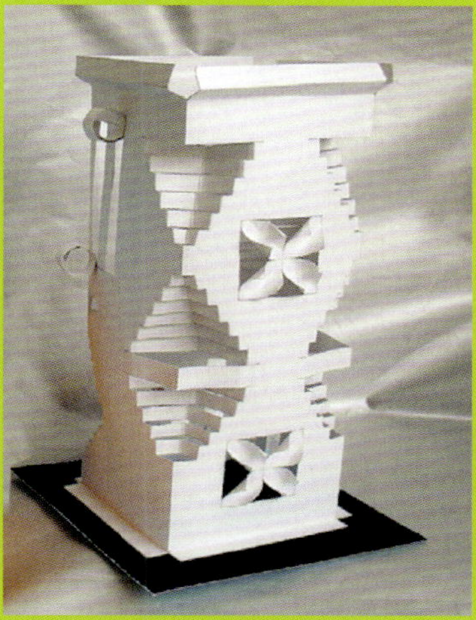
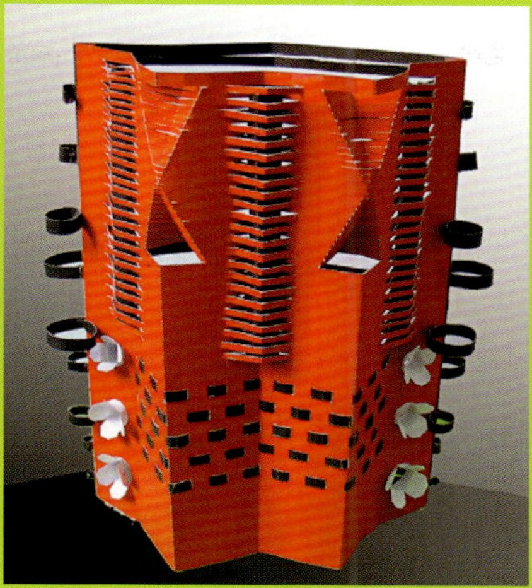

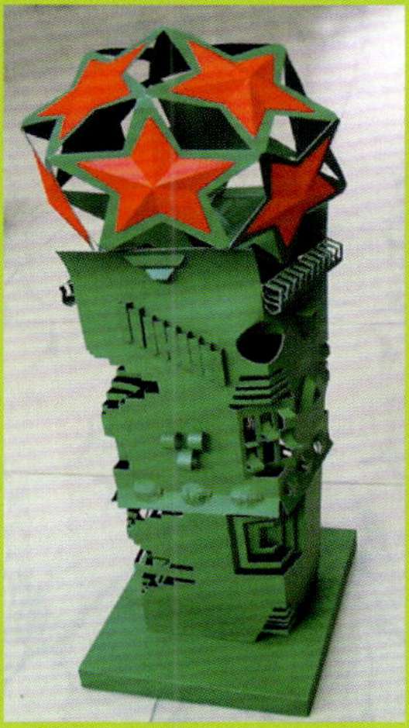

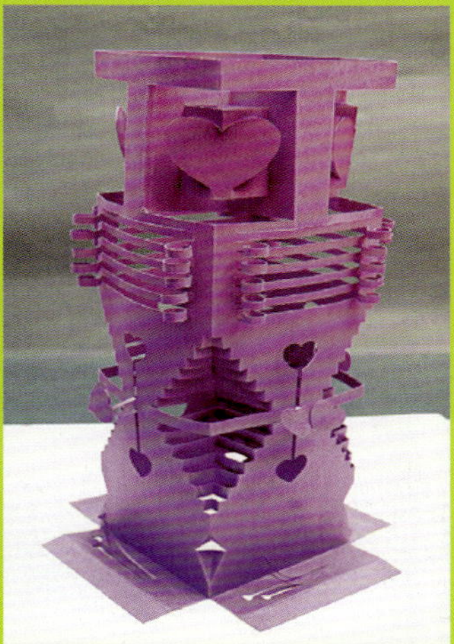

以上作品的柱端、柱棱、柱面进行了切割、拉伸、折叠等加工变化。在整体形态的把握上，设计者进行了精心的构思，做工比较精细，具有美感

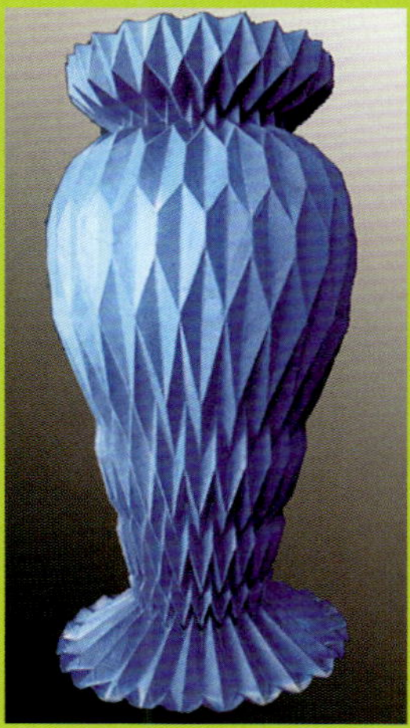
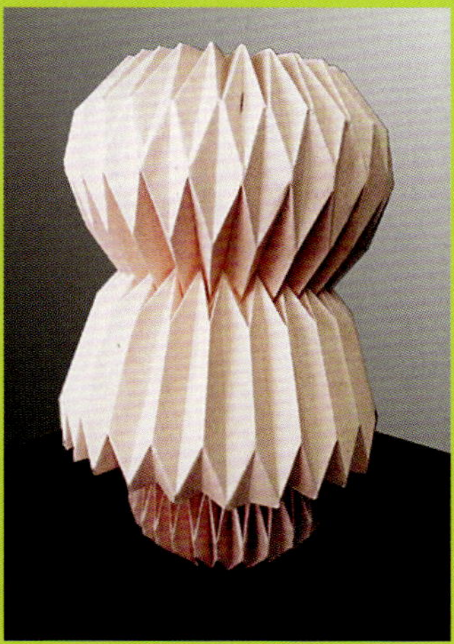

运用蛇蝮折的造型原理对柱体的柱棱、柱端、柱面进行塑造

案例展示

以柱端变化为主设计的糖果、饮料包装

以扭曲柱边变化为主设计的洗发液包装

以柱端、柱面变化为主设计的手风琴吊灯

建筑大师赖特设计的古根海姆博物馆（柱面变化的内部空间）

以柱端变化为主设计的糖果、饮料包装

以柱面变化为主设计的建筑

以柱边变化为主设计的建筑

日本建筑师阿部仁史设计的Ftown Building，呈现出柱面的变化

第五章
线立体构成与训练

第五章　线立体构成与训练

线材是立体造型的重要元素。线材的造型表现力极强，能够决定形体的方向，具有速感和延伸感。线材可以构成形体的骨骼，也可成为结构体的外轮廓，相对于面材和块材在力量上显得更轻巧。在现代设计中，它是不可或缺的造型元素。

以下是生活中的线构成。

第一节　线立体构成的基本形态与特征

一、何谓线立体构成

线材是以长度为特征的型材。在长、宽、高三个维度中，线的宽度和高度显得很弱，但它的长度与方向特征比较明显，能表达各种方向性和运动感。

线立体构成的特点：以线为主要研究对象，通过不同类型线的各种形式组合，求得丰富的立体视觉美感。其通过线的集聚表现出面，再运用面的围合形成空间立体造型，或通过单位线材构成等方式形成具有一定体量感的立体造型。线材构成由于是线的集合，线与线之间会产生一定的间距，各线构成的层次交错，会呈现出疏密变化，产生一种空间感、距离感，还具有较强的韵律感，表现出具有半透明形体性质的效果，可显示出形体的轻量化。

二、线材的基本形态与特征

生活中线的形态有地平线、生长高大的树干、流星划过天空的痕迹、纺织线材、电线、筷子、铁丝、灯管等。

线材的形态种类繁多，但在立体构成中，线材可以按以下几方面来分类。

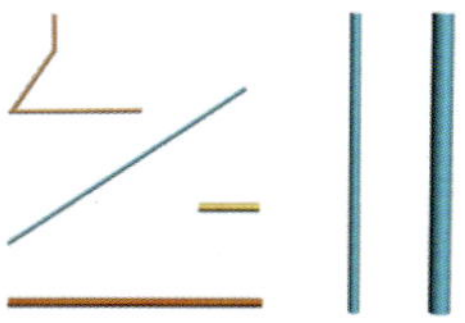

直线

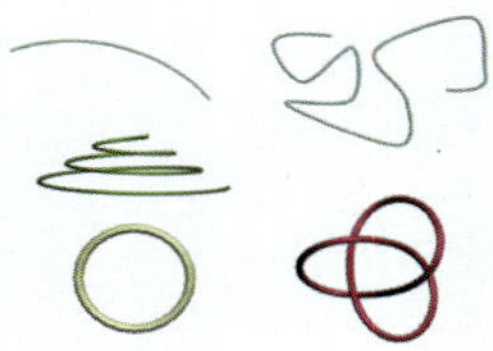

曲线

自然界和社会生活中呈现出的各种线

1.线材按照形态可分为直线和曲线

（1）直线

包括水平线与垂直线、长线与短线、粗线与细线、斜线等。它们能够表达严肃、冷漠、锐利、紧张、直接、硬朗、明确、简洁、有力等感觉。

木质线材

塑料线材

金属线材

（2）曲线

包括弧线、抛物线、螺旋线、自由曲线、双环曲线、回环曲线等。它们能表达出舒展、柔和、优美、活泼、间接、流畅、轻松、充满活力等感觉。

麻绳线材

草绳线材

2.线材按照质地可分为硬质线材与软质线材

（1）硬质线材

包括木、竹、塑料、各类金属等有一定硬度的线材。

（2）软质线材

包括棉、麻、草、藤、化纤类等软线、软绳类，还有铁丝、铜丝、铝丝等质地较软的金属线材。

线立体构成按照构成形式的不同，可以分为连续性线材构成（连续构成）、单位线材构成（垒积构成、框架构成等）、线层构成（线织面构成）和自由构成等形式。线材的造型表现力极强，易于设计者的情感表达，可产生轻快感、运动感、扩张感、紧张感和空间感。

第二节 线立体构成的形式

本书根据线材质地的分类来讲解线材的立体造型。

一、硬质线材的立体构成

硬质线材是具有一定刚性的线材，如木、有机玻璃、塑料、铁、铜、铝等线材。硬质线材构成是用木条、金属条、塑料细管、玻璃柱等条材组合而成的立体造型。硬质线材有较好的支撑力，可以不依靠支撑架，多以线材的排列、叠加、组合等方式构成新的形态。硬质线材构成具有强烈的空间感、节奏感和运动感。硬质线材常见的造型方法有：

1.连续构成

以一根较长的线材在空间里做运动，线条运动的形式根据设计的要求，可做直线、曲线、折线的转换和空间的伸展，使之产生形式美感，表现线条运动的动势与变化、节奏与韵律。

构成以线材本身的移动轨迹为主要特点，可以分两种：

（1）限定形连续构成

线的连续构成限定在某一立体空间内，可控制在平面立体内或曲面立体内。

（2）不限定形连续构成

由连续的线进行不间断的、任意的、自然的构成，做构型时不限定范围。

2.垒积构成

垒积构成是将材料垒叠起来形成立体造型的构成方式。把线材堆积、垒叠、穿插起来，相互之间没有固定的连接点，可以任意改变。材料之间靠接触面间的摩擦力维持形体。

其特点是易于承受向下的压力，若横向受力很容易倒塌；造型的节奏感、运动感和平衡感强。在造型上，可用不同的基本形作单位，通过不同方向的伸展、不同面的变化，形成具有节奏感和空间趣味的构成。

3.框架构成

框架构成是采用某种方式将硬质线材先制成框架基本形，再用相同的立体框架按一定的秩序排列或交错垒积，按照重复、渐变、自由、连续排列等方式加以组合，积聚为空间立体形态。这种造型给人一种整体的稳定感、次序感和节奏感。

用硬质线材作为框架，框架基本形态可以是各种规则和不规则的几何体，如立方体、三角柱体、锥体、多边柱、曲线形、圆形等。

另一种框架构成又称网架，是采用一定长度的线材，以铰节构成将其组成三角形，并以此三角形为单位组成构造体。这种结构形式对轴线起拉伸和压缩作用，因此用很少的硬质线材就能建立起很大容积的建筑物，如高压电线塔等。

立体桁架结构是由线性杆件（硬质线材）通过节点连接组成的空间结构体系。可设计为

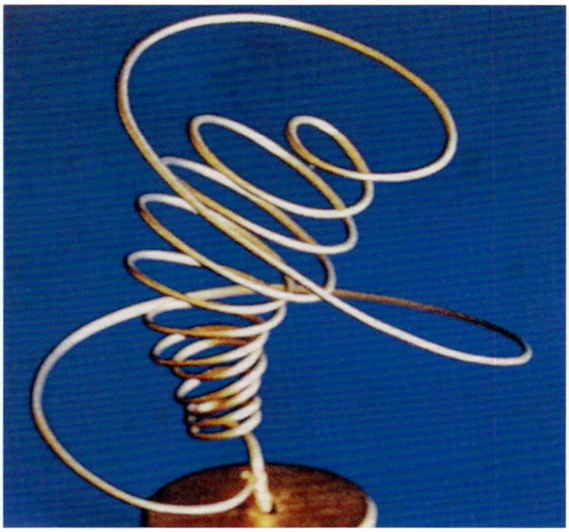

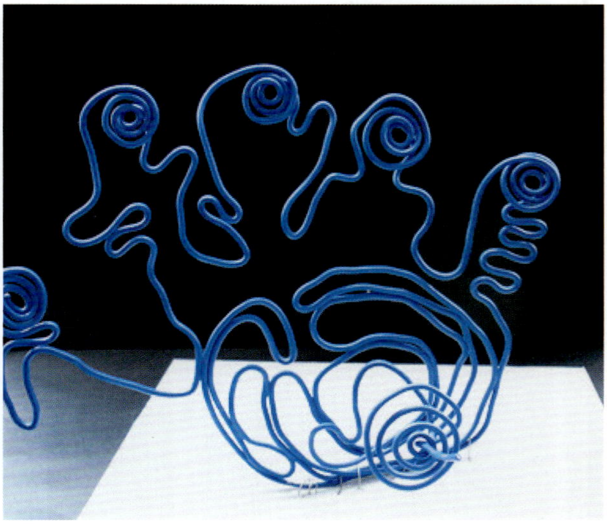

“运动”的线的构成

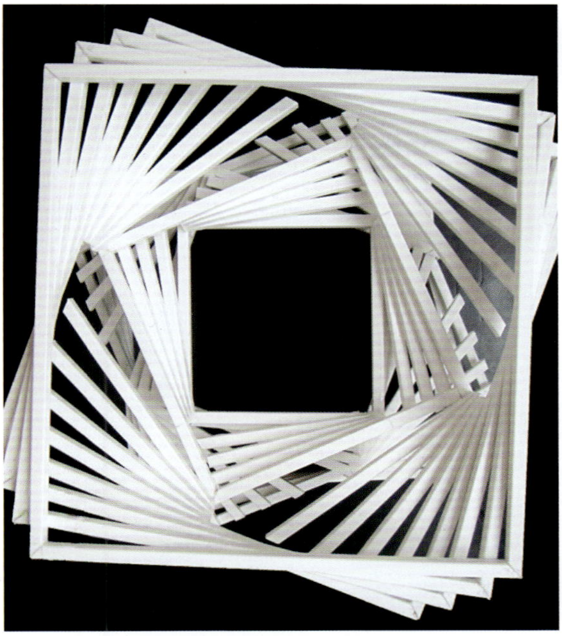

硬质线材的垒积构成

三角形、四边形截面桁架或组合成网架、塔架等复杂空间结构，受力高效，空间几何稳定性强，适用于不同建筑造型需求。抗侧移和扭转能力优于平面桁架。

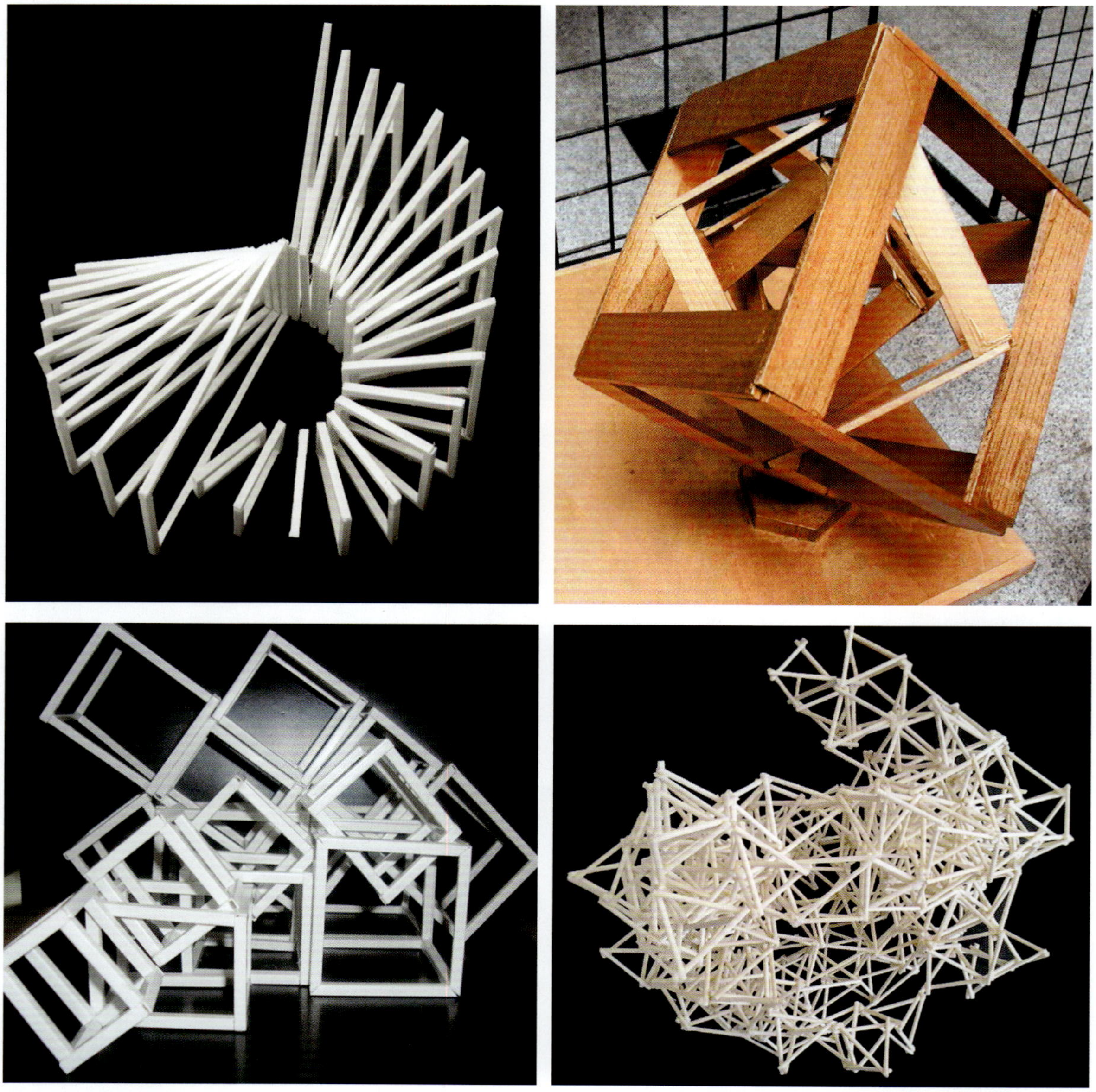

硬质线材的框架构成

关键提示 硬质线材搭建框架的方法

1.用一种硬质线材搭建框架，如木框架、金属框架或其他能起支撑作用的材质做的框架，可在框架上刻上锯齿槽口，再用软质细线进行有序的缠绕。框架基本形态可以是各种规则和不规则的几何体，框架可以是一个或多个几何体的组合。

2.硬质线材框架造型控制整体形态，软质线材填补空隙。每一根缠绕的软线应是绷直的，不能弯曲。硬质线材要有足够的强度，以保证软质线材缠绕时不会使框架结构变形。

硬质线材的网架构成

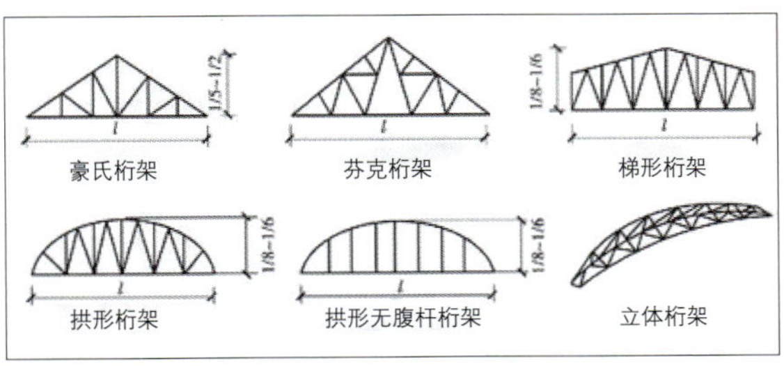

硬质线材的桁架构成

关键提示 采用框架构成时的注意事项

1.注意框架构成的不同形式在生活中的不同用途，以及在不同的环境中所起的作用。

2.可在框架中使用多种构成单元进行排列变化，从而产生丰富的空间感和节奏感，但注意单元的种类不宜过多，否则造型效果容易杂乱。

3.采用框架构成时要注意材料的粗细和长度搭配的协调。造型上，线材构成的整体设计应能够产生既丰富又统一的视觉感受。

关键提示 硬质线材制作的注意事项

1.注意重心位置，接触面过分倾斜、伸展的倾斜角度过大，容易造成不稳定和滑动，甚至引起倒塌，必须注意结构上的变化效果和稳定性。

2.在垒积的同时注意线材形状、方向、粗细、曲直、颜色的综合运用。

3.注意空隙大小和形状所形成的节奏感和韵律感。

4.注意接合部位的接触面的大小和牢固程度。

小贴士

1. 在建筑中，往往采用网架螺栓球节点，连接可靠，便于施工。

2. 为增大摩擦，可在接合处制作缺口，以相互别紧、卡住、支撑来防止滑动，使形态牢固。

3. 为了保存和移动方便，可以使用黏合剂固定成节点，但首先要求不粘连，即能维持形态。

动手练习

1.搜集寻找硬质线材，有一定的硬度且能成型的，如筷子、铁丝、牙签、塑料管、冰糕棒、笔等。尝试对收集到的线材进行各种加工改造。

2.利用各种硬质线材，通过连续构成或线层构成制作出具有美感、结构均衡的立体形态，其构成的形态可以是抽象的，也可以是具象的。

要求：作业尺寸不小于20cm×20cm×20cm。

4.线层构成

线层构成是将硬质线材做层叠排列组合成立体形态的构成方式。线层构成的立体形态，因所观看的视线和位置不同，会产生不同的节奏和韵律的层面空间现象。

线层的排列可以在大小、方向、位置上进行重复、穿插、放射、旋转、渐变等组合。

线层的排列方式可以是一种线材的重复排列，也可以是多种线材以某种形式组合后，再构成多样变化的结构。

关键提示 硬质线材使用的注意事项

1.硬质线材有粗有细，粗线材给人以严肃、硬朗、明确的感觉，细线材给人以锐利、冷漠、直接的感觉。应选择适合设计意图的线材塑造立体形态。

2.使用线材做三维空间构成时，应注意线材间的空隙要疏密得体，能很好地表现出造型的结构特点。

3.由于线材的通透性好、遮挡性差，因而要处理好线材与线材之间的间隔距离，处理好线材高低、疏密的节奏。

两种不同材质并列成组，再向中心团式聚合

放射、旋转、重复排列产生秩序美和层次感

由线构成矩形，再渐变排列组合

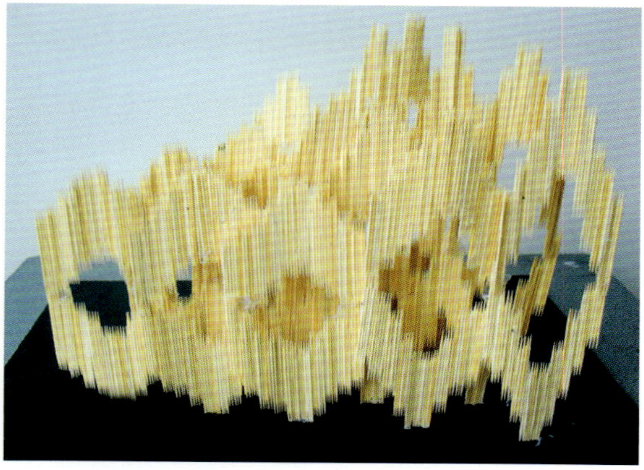

线材的自由排列组合成面，构成凹凸起伏的造型

动手练习

1.利用各种硬线材，采用垒积构成或线层构成制作出具有美感、结构均衡、稳定的立体形态。

要求：作业尺寸不小于20cm×20cm×20cm。

2.运用硬质线材制作一个有创意的线构成形态。要结合所学专业来设计制作空间形态，可根据设计要求选择硬质线材，构成形态需体现出艺术美感。

要求：作业尺寸不小于30cm×30cm×30cm。

3.用计算机三维设计软件练习硬质线材的多种造型方法，体验不同造型方法形成的空间特点。

小贴士

1.材料可以选用塑料管、牙签、筷子、比较硬的金属丝等。连接方式根据所用材质而定，可以使用万能胶或乳白胶粘连固定或焊接。重视连接会使作品稳定坚固，工艺精美。

2.可以通过涂色、打磨、抛光、弯曲（金属、有机玻璃）、缠绕、削割等方法对材料进行改造，来构成立体形态。其构成的形态可以是抽象形，也可以是具象形。

3.通常可通过黏合、焊接等方式将材料接缝做得非常结实，形成刚节点，牢固成一体。

4.线材连续密集排列可组成方形、三角形或扇形的单体造型，也可从小到大做渐变排列或进行变向转体等多种变化的构型。这种构成形式需表现出构成的韵律美。

案例展示

以直线并列成面构筑的上海世博会加拿大展馆

以线构成的三角形为基本结构单元构建的日本幼儿园

幼儿园建筑内部的线结构

直线交叉排列组合成曲面，构建建筑的外墙

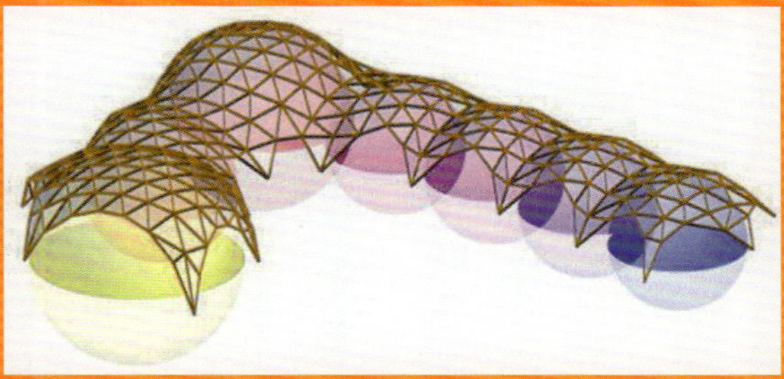
硬质线材的网架

在家具设计中用硬质线材塑造椅子、书架等

环境设计中用硬质线材构建的景观小品

工业产品设计中的灯具、折叠门、叠窗等

二、软质线材的立体构成

软质线材难以独立塑造立体形态，需要以其他材质的框架为载体，通过固定、缠绕、牵引、悬挂等方式共同组成特定的构成形式，构造出立体空间。软质线材可分为两类：一种是有一定韧性的面材裁切出来的线；另一种是软纤维，包括棉、麻、棕、纸、丝、草类、化纤类软线、软绳类等，还有细铁丝、铜丝、铝丝、金丝、银丝等质地较软的金属线材。软材柔韧性、可塑性好，给人以空灵、轻巧、多变的感觉。软质线材构成形式主要有：

1.软质线材与框架的立体构成

软质线材的框架结构可选用正方体、三棱柱、三角锥、五棱柱等造型，也可采用圆形、半圆或渐伸涡线形等。以框架为依托，用软质细线缠绕，形成空间面层结构，表现层次感和韵律感。缠绕的连接点其间距可以是等距的，也可以是渐变的。线的方向可以垂直、水平等距连接，也可以倾斜、错位连接形成网状形态，还可以按一定秩序连接成线层平面或曲面。

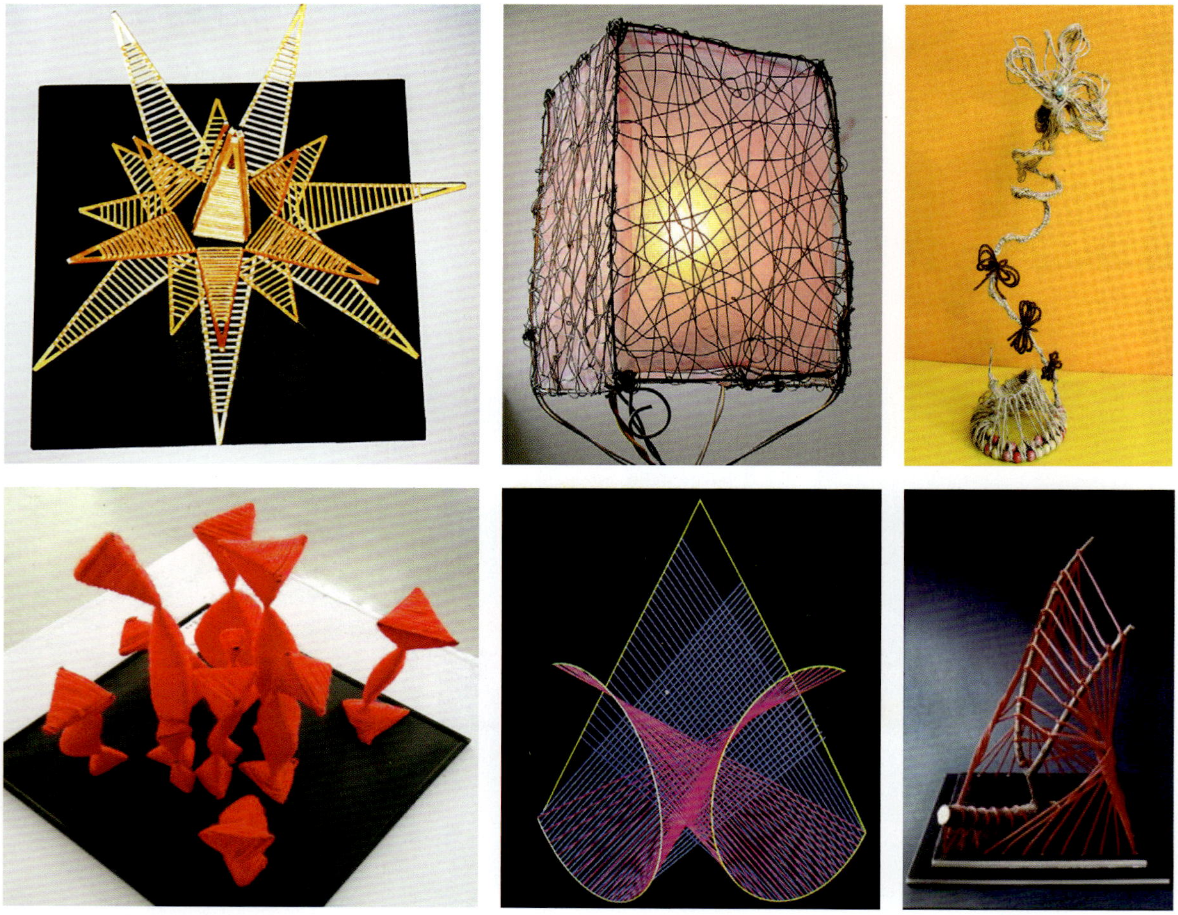

用软质线材在框架结构上通过缠绕的方法塑造的立体形态

关键提示 软质线材造型制作的注意事项

1.线轨迹要保持连续不断，有一定的韵律感。

2.在制作时，要注意把握好线材构成中整体的协调性，关注空隙对整体效果的影响，注意空间感和节奏感的表现。

2.自垂构成

以硬质材料做框架支撑，将软质线材通过一个端点固定于框架之上，利用线材自由垂落的特性，形成动感空间或不固定空间，像一些吊灯、风铃等构成。

3.拉抻构成

通过对软质线材的弯曲、扭转、交叉、排列等拉抻方式，改变其原有形态，利用线材的张力、弹性或延展性，在空间中形成具有韵律感、动态感或结构美感的立体造型方式，可营造轻盈、通透、富有节奏的视觉效果。斜拉桥就是这种结构在生活中的应用。

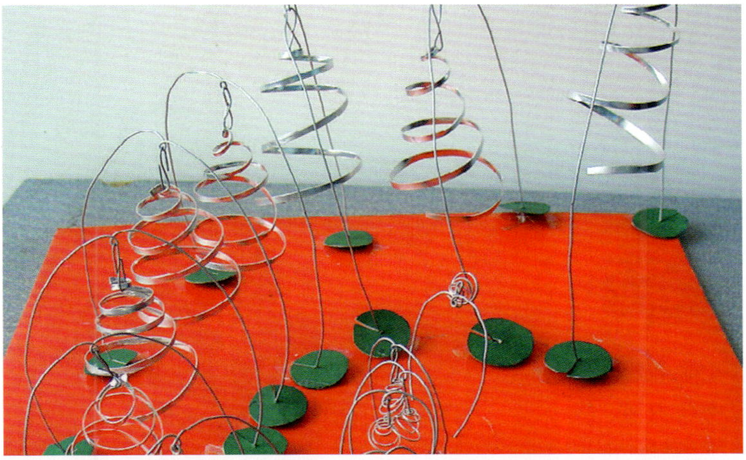

软质线材的自垂构成应用

关键提示　软质线材拉抻的注意事项

1.支柱的材料需能承受一定的压力。软质材料注意选择有一定弹性和韧性的，如毛线等，避免线材过细、过脆而无法承受一定的拉力。

2.软质线材拉抻的组合形态可以多样，可进行有序排列或自由排列。

3.可以将铰节点或刚节点作为固定拉抻材料的端点。这些节点需有一定的受力度，能承受线材的拉力。

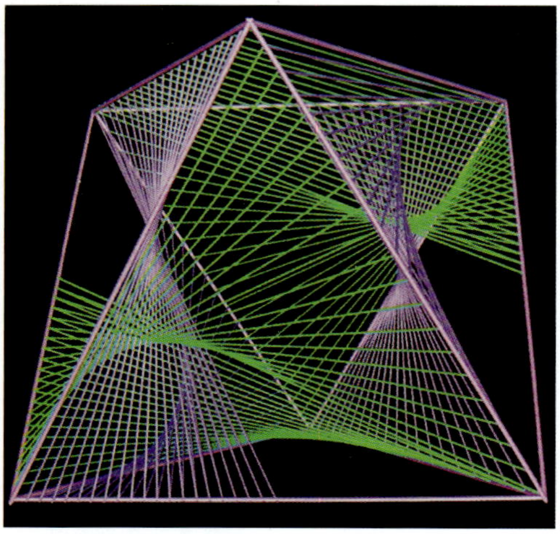

拉抻构成（学生作业）

斜拉桥

4.编织编结构成

编织编结技术广泛用于生产、生活中，如纺织纤维装饰编织、服饰编结、发辫、绳子编织编结等。它是指选用软、细的线材，通过线与线的穿插、盘绕、挑压、打结的方式进行结合，形成各种造型。这种构型装饰性极强，具有很高的普及性。

编织编结构成最大的特点是不需要硬质材料做支撑。编织编结时，既可通过线材自身进行编织编结，也可与硬质材料综合编织编结，像毛衣、渔网、纺织品、盘长结、中国结等都是依靠编织编结成型的。

采用“回”形排列法编织的作品

关键提示 编织编结制作方法

1.编织编结可以选择一种编织法不断地做重复排列，也可以选择多种编结手法，以获得单位形的组合形态，使得造型更加丰富、有层次。

2.编结形成的最终形态需要在设计前期做较为充分的思考，以获得对形体的整体把握，再进行编织编结制作，在过程中创造细节并进行调整。

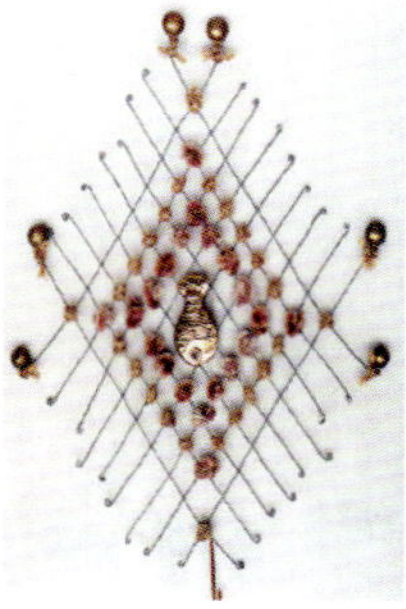

盘长结

编织编结作品

动手练习

1.搜集各种毛线、软纤维等软质材料，尝试对搜集到的线材进行各种加工改造。

2.利用各种软质线材，采用线层构成、拉抻构成、编织编结构成等方式，创意制作出形态美、结构稳的立体形态，如中国结、装饰画、项链、手提包、发饰等。

要求：作业尺寸不小于30cm × 30cm × 10cm。

拓展训练

将硬质线材和软质线材结合，运用线构成的创意构思和构造方法，制作一个综合的、有创意的线构成形态。

1.合理使用和改造线材，使线的构成形式新颖、别致，能体现出富有韵律的变化节奏；通过材料的对比形成统一和谐的美感，整体视觉效果好，制作精致。

2.根据所学专业制作线构成空间形态，可以选择一个概念化的主题做设计，也可以选择塑造一个实用物体造型，至少结合两种以上线质材料。

要求：作业尺寸不小于30cm x 30cm x 30cm。

小贴士

两种材料的结合处要处理得巧妙。软线线头要善于隐藏在背面。注意线材拉抻的力度要一致，从而强调作品的整体效果。

软质线材本身是一种带有细长感觉的形体，视觉效果较弱，所以在造型中应尽可能以组团的形式出现，或者以线群积聚为面，再以面包围形成空间立体，以增加视觉冲击力。

思维拓展　线材设计的创意效果

在现代设计中，线材的种类越来越丰富，把几种材质特性与肌理效果截然不同的线材进行造型创作组合，可以得到许多预想不到的创意效果。运用线材与面材、软质线材与块材的结合，可以展现出越来越多的创意空间。

上海世博园宝钢大舞台的生态绿墙（多种线材在同一平面上综合应用的创意效果）

对不同的线材采用不同的构成方式形成的造型趣味

展示空间中常用各种线材构成丰富的视觉层次

案例展示

产品设计中的线立体构成

自由垂吊的线材与圆环构成的吊灯

利用材料的自由垂吊性设计成的仿生形态艺术吊灯

线的发射排列聚合成的灯具

线的自由交叉构成的灯具

网格结构的现代风格转椅

线材的螺旋形排列构成的漏斗

竹篾编织的瓷胎竹茶具

竹条编织的糖果盒

竹篾垂直重复排列构成的茶叶筒

藤编与钢材结合的椅子

草编与木材结合的休闲家具

建筑设计中的线立体构成

位于日本的GC口腔科学博物馆，由日本建筑师隈研吾设计，该博物馆用6000根桧木棍搭建而成，构造灵感来自中国的鲁班锁

建在红杉林中的树屋餐厅，由木线弯曲编织成笼状，别具特色。它的设计受到大自然中的许多自然形式的启发，如蝶茧保护着的孵化中的蝴蝶、晾晒着的洋葱或大蒜瓣、灯笼、夜里发亮的灯塔。在俯视角度下，餐厅则像一只由两端向中心螺旋变化的海螺

位于上海世博园的钢结构与巨型索膜结构构成的立体阳光谷

金属线材构成的框架式结构顶棚

展场设计中的线立体构成

线的层积排列构成接待桌，颇具流动感

展台设计——由线的层叠构成

服装设计中的线立体构成

服装设计和女鞋设计中软质线材的网格交织形成的装饰效果

服装设计中软质线材的装饰效果

景观设计中的线立体构成

形态、材质各异的线材构成的环境景观

第六章
块立体构成与训练

第六章 块立体构成与训练

建筑是城市的主体，也是人们赖以居住和生活的空间。几千年来人类一直孜孜不倦地研究建筑，不停地修建建筑，目的是让建筑能更好地服务于人。建筑是什么？就是由各种立体形态构成的综合立体构造物。块是建筑的主要形态元素。通过块立体的垒积构成墙体、柱子的排列构成支撑框架、浇筑的混凝土构成地板等体块的组合，形成建筑体量的基本形态。

在人们的生活中，同样充斥着各种各样的块立体，如电视机、冰箱、手机、洗衣机、家具等。所以对块立体的研究是进行各种物体设计的基础，只有弄清楚体块的造型手段和方法，以及构成形式美的规律和法则，才能更好地运用块立体为生活服务，创造人们需要的物体。

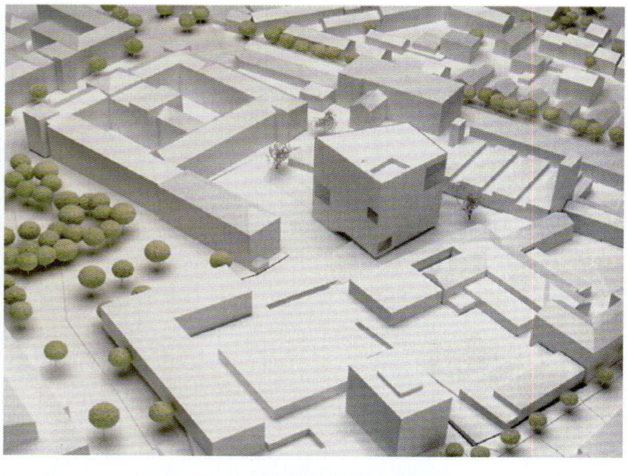

生活中的块立体

第一节 块立体的形态

一、何谓块立体

块立体指具有长、宽、高三维尺度的实体形态，拥有连续的表面，是立体形态中最基本的表现形式，也称块材。与线材和面材相比，块材更具有厚重感，从任意方位观察都能看到较为完整的形象，因此，其表现力具有多向性。

二、块立体的基本形态与特征

块立体是立体形态中的一种基本形式，也是生活中最常见的形态，应用非常广泛。块立体以各种形态出现，应用在不同领域，起着不同的作用。沙发垫、手机是圆角长方体，衣柜是长方体，杯子、酒瓶是柱体，汽车是曲面流线体。

块立体的表面形态不仅是为了好看，还有其特别的作用。每种物件在使用中都有其特定的场所、情境，如果要充分发挥其作用，达到最好的使用效果，就必须要对其表面形态进行设计。比如鼠标的外在形态适合人手操作，使操作更轻松、方便、自如；流线型的汽车表面形态便于导风，减少阻力；长方体的衣柜能很好地与房间匹配，节约空间；方块状的建筑远多于异形或圆形建筑，是因为方块形态能更好地排列组合，最大限度地利用土地资源。所以，我们研究块立体的重点在于研究各种形态的特点和组织构成方式所产生的空间与形态的关系，以及其具备的作用和意义。

块立体的作用不仅是实体形态本身，更主要的是其构造出的空间。老子有句话："有之以为利，无之以为用。""有"是实用性的基础（"利"），"无"决定了实物的功能性（"用"），讲的就是实与虚、实体与空间之间的关系。一个实体必须要具有一定的空间才有其用处，因此，研究形态与空间的构成关系是我们要解决的重要问题。碗之所以能盛饭，是因为有中间的凹陷空间；建筑之所以能容人，是因为有很大的空间；糖果盒之所以能装糖果，是因为有内部空间。空间的功能很重要，人们需要使用这个空间做什么是设计这个空间的基本依据。从人的需要层面来说，这个空间除了要满足人的使用需求外，还需要满足审美需求。我们研究立体形态空间，一方面研究其构成方法和规律，研究怎样能最大化地利用空间、最合理地使用空间；另一方面研究空间的形式美及其给人提供的心理满足。为什么碗总是漏斗形的？为什么房间与冰箱的内部空间总是方形的？为什么鸡蛋盒是蜂巢形的？我们需要思考很多问题。

纸袋的形态便于装物，挖孔的形态便于手握

碗的形态便于取食

壶的形态便于装水和加热

1.球体

球体是最原始、最基本的形体，宇宙中许多物体都是以球体形态存在的。球体具有充实、饱满、圆润、不稳定、运动等视觉特征。

2.圆柱体

圆柱体是由两条平行的直线沿着一条封闭的曲线运动而形成的。圆柱体的顶面与底面面积相等且平行，具有圆润、挺拔、直立的视觉特征。圆柱体是生活中用得较多的形体之一。

很多生活用品都是柱体

古希腊神庙中柱体为主要结构

中国传统建筑中柱体是主要支撑物

3.圆锥体

圆锥体由一条斜线的一端连接到一个固定点，另一端沿着一条封闭的曲线运动而成。当封闭的曲线是一个正圆，并且固定点在正圆圆心的正上方时，便形成正圆锥体。圆锥体底面稳定，顶点具有向上的动势。

锥体形态的建筑

锥体形态的灯

锥体形态的咖啡壶

4.正立方体

正立方体由六个完全相同的面组合而成，相邻的两个面之间呈直角，每条边的长度相同。正立方体具有方正、规矩、稳健、硬朗、庄重和对称的视觉特征。

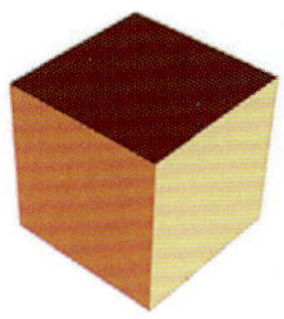

立方体建筑

5.四棱柱体

四棱柱体是正方体的延伸，顶面和底面均为四方形，面积相等，其他面两两相对且平行。四棱柱体具有挺拔、坚硬、结实的视觉特征。

四棱柱体式纪念碑

6.四棱锥体

四棱锥体由四个等腰三角形斜面与一个正方形底面构成，具有尖锐、阳刚、稳定的视觉特征。

四棱锥形态的金字塔

第二节　块立体的造型方法

块立体的形态构成形式和组织构成方法与规律是我们学习研究的重点。通过对块立体进行分割与组合可以产生各种各样的立体形态和空间。人们运用这些方法创造需要的、实用的、丰富的物质世界。

一、块立体的分割造型方法

分割是块立体形态塑造的一种简单有效的方法，其形式和手法是多样的，包括等形分割、等比分割、等量分割、自由分割等，关键在于分割的形态和分割的量。

分割手法的运用基于块立体的基本形态，通过对块立体基本形态的分割可以产生姿态万千的形体。

1.等形分割

等形分割是形状相同、量相同的分割，具有对称性，分割后的子形态完全相同。

直线分割：水平线、垂直线、斜线

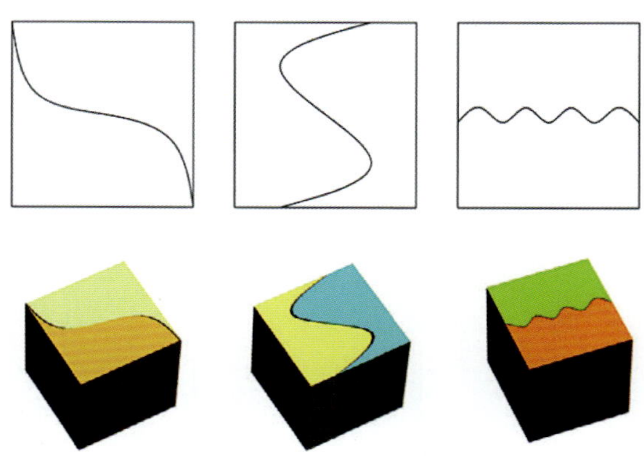

曲线分割：“S”线、波浪线

折线分割：“Z”字线、“N”字线、“弓”字线

2.等比分割

按照一定的比例关系进行分割，形状相似或相同，在量上呈比例关系，规律性和秩序性很强，如黄金分割比例、1/2分割比例等。

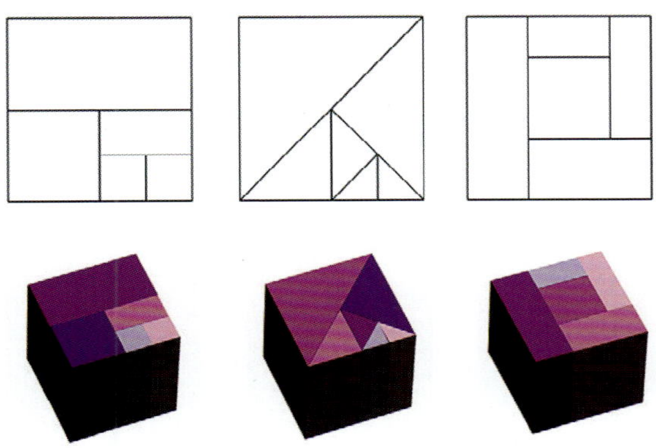

3.等量分割

等量分割是量（体积）相同、形态不同的分割，呈现出一定的变化性。

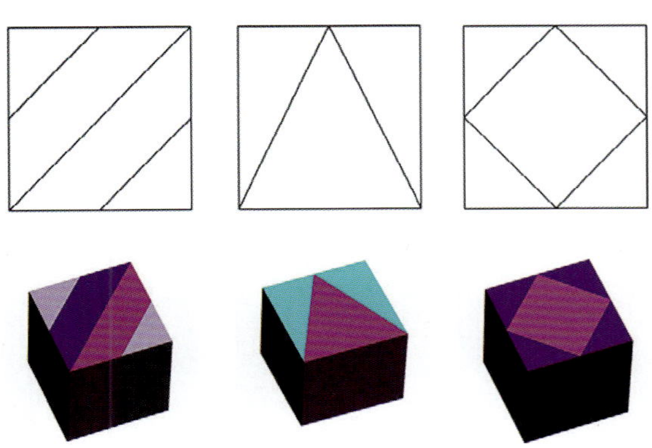

4.自由分割

自由分割是一种无规律的分割形式，不受任何约束，分割后的形态在形和量上都不等，但在形态上有关联性。自由分割的形态比较活跃，富有变化性和随意性。

（1）自由曲线分割

运用曲线对块体进行分割，产生流畅光滑的曲面形态造型。

（2）任意折线分割

运用折线对块立体进行分割，给人以硬朗、活泼的感觉。

（3）曲直结合的分割

具有前两种分割形式的特点，形态富于变化、有层次。

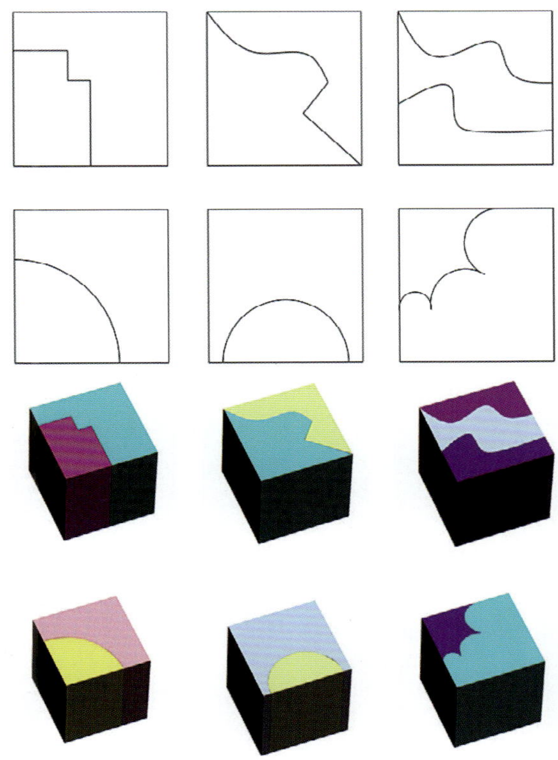

5.多次分割

从横向和纵向两个方向进行分割，可产生更多的子形态。综合使用多种分割方法，可得到想要的形态。

（1）等形多次分割

可以得到大小、形状都相同的若干子形态，这些子形态为新形态的创造提供基础元素。

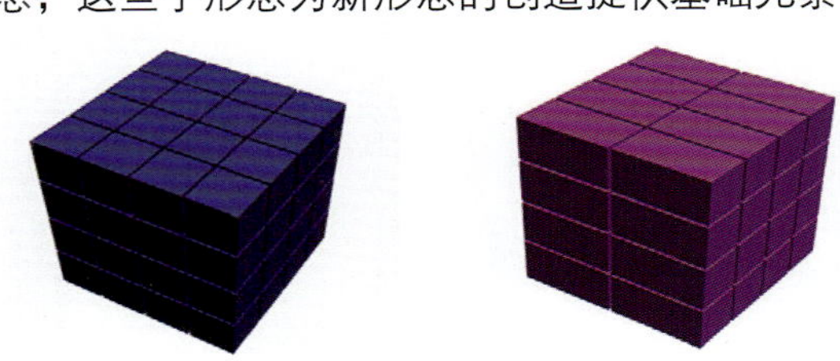

（2）等比多次分割

可以得到更多的具有比例关系的子形态。

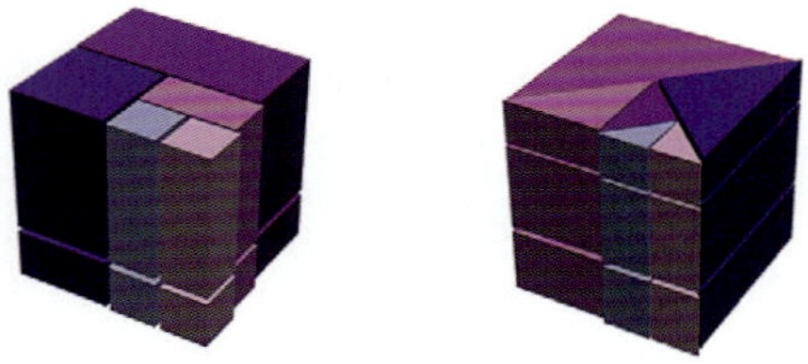

（3）自由多次分割

关键是要注重被分割形体之间的关联性和形体本身的形态美。

有关联性的形体多次分割

关键提示 分割与线型的关系

1.分割线的位置和形状决定分割后的形态，所以线型设计很重要。线型简单，分割出来的体块就简单大方；线型复杂，分割出来的体块就变化多而复杂。

2.分割次数越多，得到的体块形态就越丰富，但也不是绝对的，每一次分割都需要考虑形态的变化性。如果一次分割就能得到想要的形体，就不要再进行分割。力求用最少的分割得到最有趣的形体。

案例展示

1.块立体被分割后可以使体块的内部结构和形态产生若干种新的空间形态。在进行产品造型设计、环境空间设计、建筑设计、艺术装置等形态塑造时，都可以运用块立体分割造型的方法获得各种新的形态。

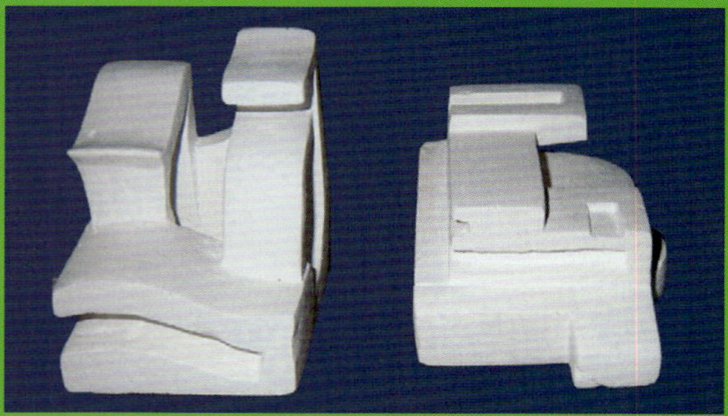

2.分割的方法适用于任意形体，对生活中现有形体的分割，也可以得到很多意想不到的创意造型。

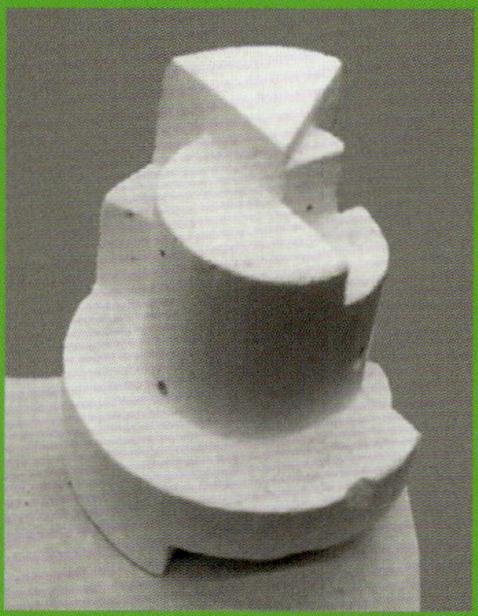

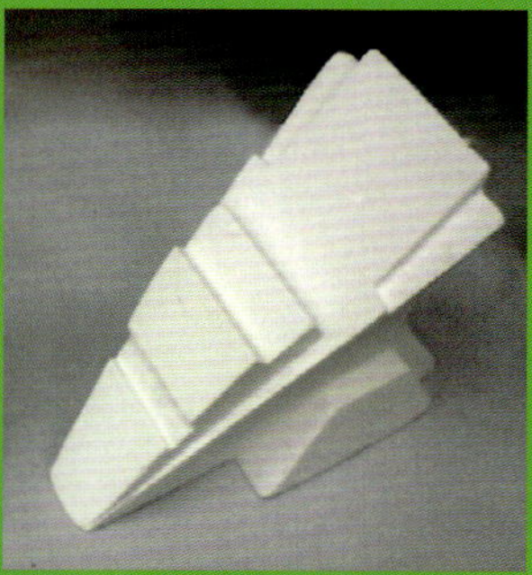

二、块立体的组合方法

组合是块立体造型的有效方法。组合的目的是使形态更加丰满，符合功能要求和审美心理要求。所以，组合时既要考虑结构的合理性，又要考虑视觉的和谐性。

1.组合方式

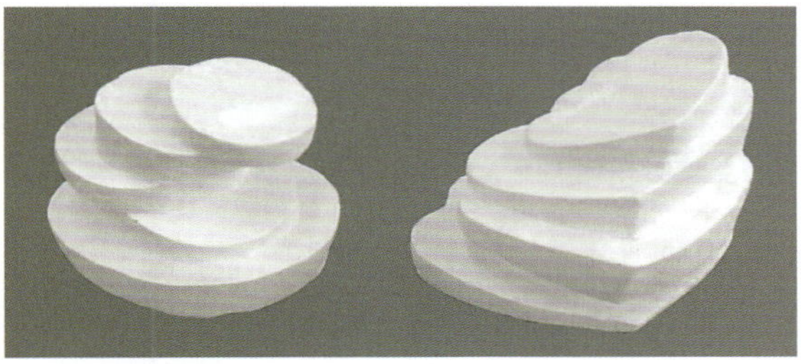

面与面连接的组合

边与边连接的组合

角与角连接的组合

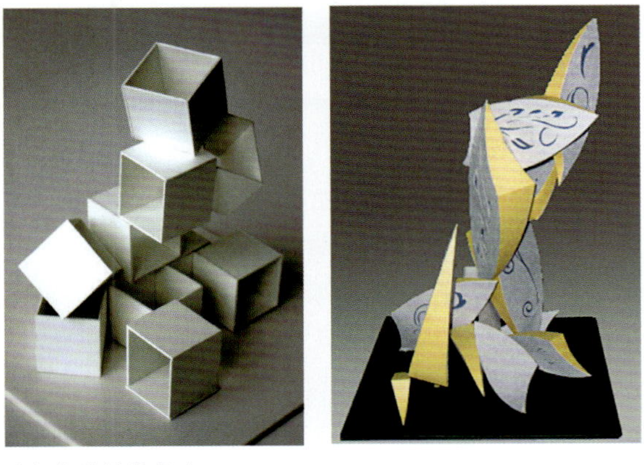

边与角连接的组合

插接组合

2.组合骨架类型

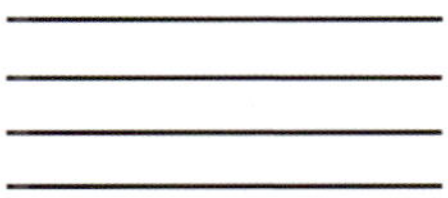

线性骨架

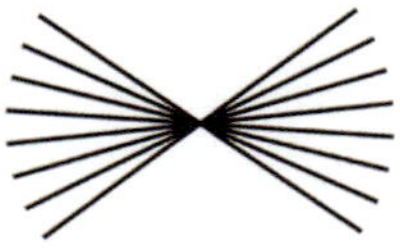

放射式骨架

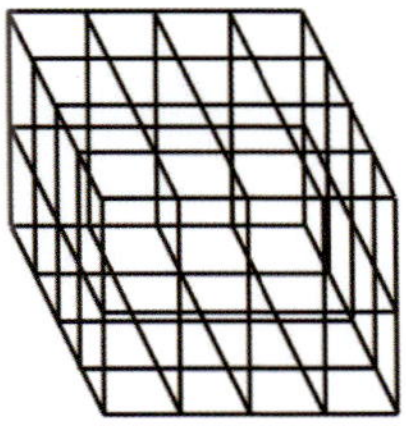

框架式骨架

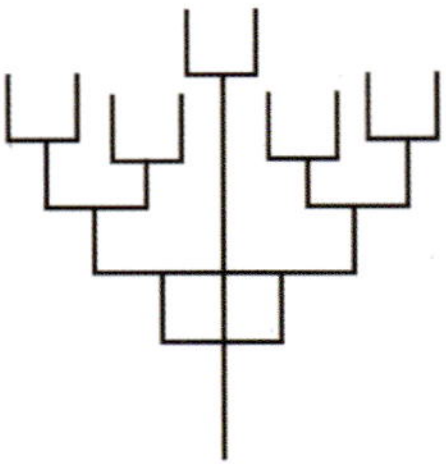

树枝式骨架

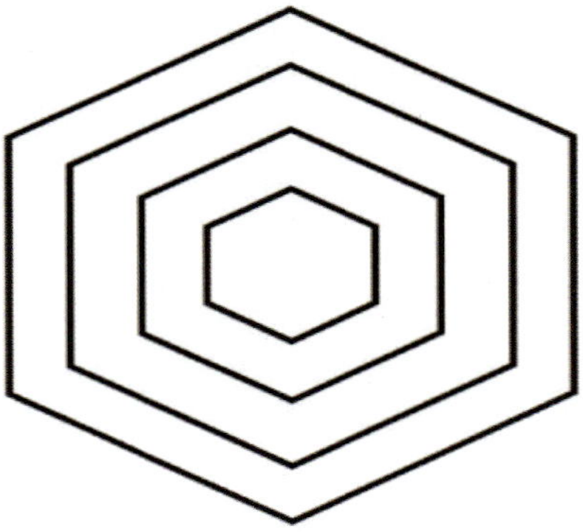

中心组团式骨架

关键提示　审美法则在块立体组合中的运用

块立体的组合需要考虑单体之间的形态协调性，在形状、大小、比例方面要运用立体构成的审美法则，如对称与平衡、比例与尺度、节奏与韵律、对比与调和、变化与统一等。

案例展示

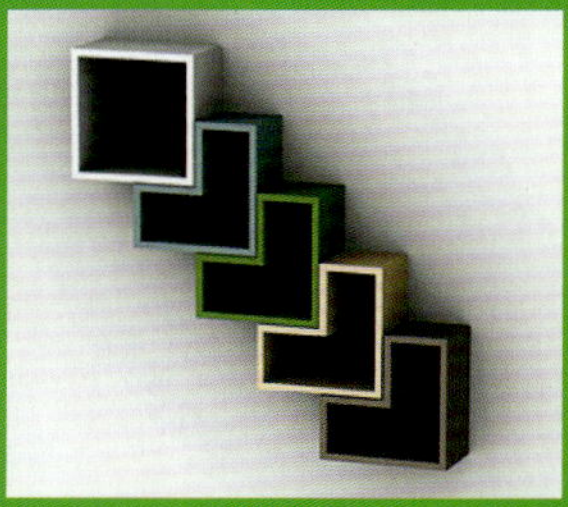

嵌入式的书架创意

边与边连接的凳子造型创意

中心组团式的摆件创意

面与面连接的盒子组合创意

沙发造型组合创意

线与线连接的墙面装饰创意

时钟造型创意

角与角连接的灯具创意

插接式的餐盘架创意

动手练习

1.运用三种不同的分割方法，把一个正立方体分割出若干有趣的子块体形态。

2.以长方体为基本块体进行组合，塑造出5—10个不同的立体形态。

小贴士

1.材料可以使用方形肥皂、硬泡沫块以及纸板。

2.连接方式根据所用材质而定。纸质材料和泡沫块可以使用万能胶或乳白胶粘接固定，肥皂可以使用牙签或细铁丝辅助插接固定。

3.还可用计算机三维设计软件做练习，见效快，易修改。通过材质贴图能达到多种效果测试。

三、块立体的积聚

块立体的积聚是对切割后的子块体进行重组的一种方式，由两块以上的单个块体组成，可以是相同形态的单体的重复排列，也可以是类似单体形态的渐变，还可以是不同形状、不同材质的块体堆积。方向性、节奏感和秩序感是积聚组合的要点。相邻两个单块体之间的关系存在着接触与分离两种结构形式。块体积聚有五种类型：

1.单体重复积聚

单体重复积聚指单体形态按照一定的形式美法则进行排列组合而构成复杂的综合体，包括矩阵重复、渐变、旋转排列组合，形成规则、整体视觉效果好的阵容。运用叠加、堆砌、错落的方法可以产生大小、高低、疏密变化的视觉效果。

屏障构造：若干个同一大小正等边形块体做横向和纵向的连续排列，形成一个较大的立体造型，比如正等边三角形块体、正等边四边形块体、正等边六边形块体。

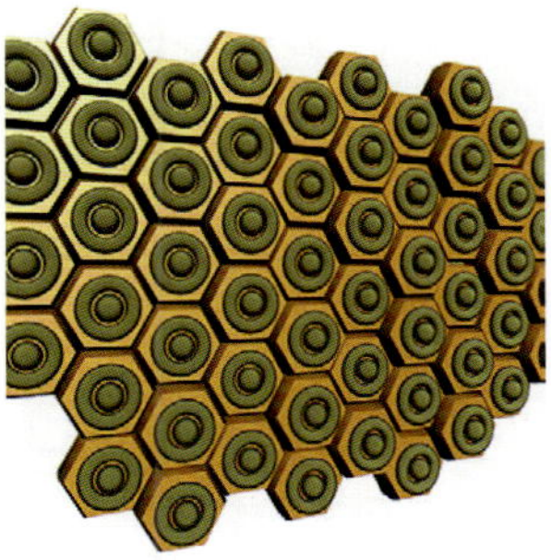

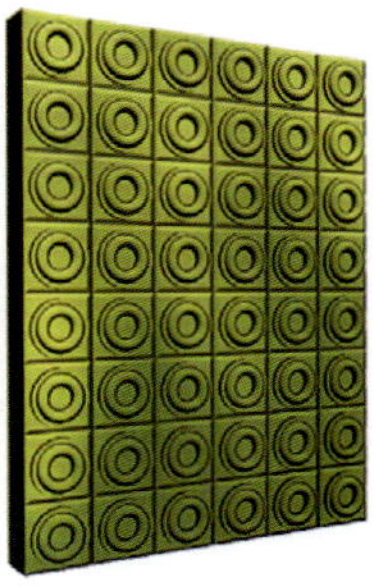

正等边六边形单体重复积聚

2.多层积聚

单个或者多个形态单元（如块体、柱体等）按一定规律组合，形成一个较大的造型。

块体多层积聚

柱体多层积聚

3.相似或相关联的形体积聚

采用相似或相关联的单位形体进行组合，可以得到更丰富的造型变化。

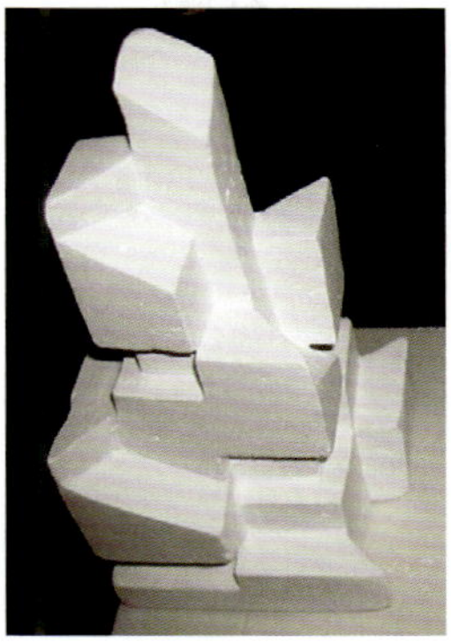

相似形体积聚

相关联形体积聚

4.不同形体积聚

将形态、大小、材质、肌理等属性不同的块体组合在一起，产生丰富而复杂的形体。

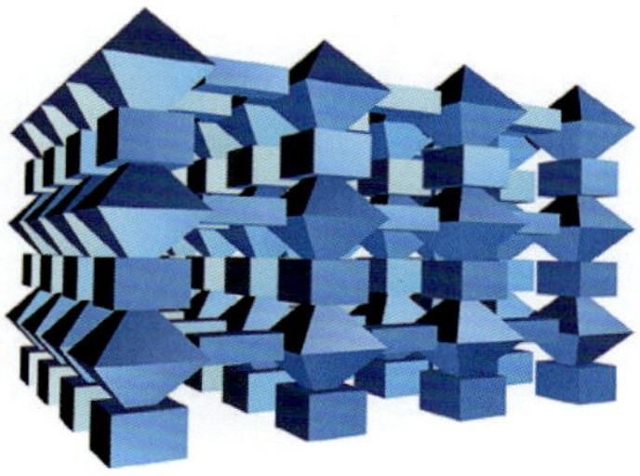

不同形体积聚

5.正负形体积聚

正形体（实体块体）与负形体（虚空间、镂空形态）组合构成形体空间，产生正负形体积聚效果。如传统建筑中的梅花窗、园林里的围墙。

由砖块积聚出正负形态，构成传统建筑中的围墙造型

动手练习

1.运用5种不同的切割方法对立方体进行切割，得出新的有意趣的形态。

2.以任意形体为单位，用自由组合的方法创意制作一个立体形态。

3.运用积聚的方法，以六面体为基本单位创意制作一个多层积聚的形态。

关键提示 块体的积聚

块体的积聚无论用何种方法，须确保积聚后的形态在视觉、力学上统一；处理好块体实体与空间虚体的比例，避免过密或松散。

案例展示

瓦块的正负形体积聚构成的墙面

传统建筑中的由砖块积聚构成的墙面

利用放射排列构成的衣架

利用放射积聚构成的椅子

把花卉作为块体，运用积聚组合的方式设计成装饰品

长方体交叉积聚可以做成建筑或装置艺术

圆柱积聚构成的凳子

方块积聚构成的陶瓷烟缸

不同大小的方块积聚构成的博古架

以积聚方式构成的展示柜

采用块体积聚的学生作品

第三节　综合立体形态的构成

综合立体形态构成是将线材、面材和块体元素构成的不同形态进行综合性的重组，组合为有形态和材质对比的立体空间形态。要进行综合立体形态的构成需要考虑的因素很多。

一、根据材料自身的特点

不同材料的肌理给人不同的心理感受，要使材料自身的特点发挥得淋漓尽致，就要让材料的搭配有意外之喜，但也要关系和谐。

二、根据不同材质的对比关系

一种材料组成的基本形态与另一种材料的基本形态之间的对比关系，包括形体之间的距离、形体的大小、形体的方向、形体的结构等，要注重形体对比关系的协调性。

三、根据整体形态与空间的构成关系

按形式美的法则创造出具有场感的空间造型，无论是物理空间还是心理空间都展现出空间的张力。

四、根据造型利用不同的方法

构建新的形态，在多样中求统一，在统一中有变化，给人以无限想象的空间。

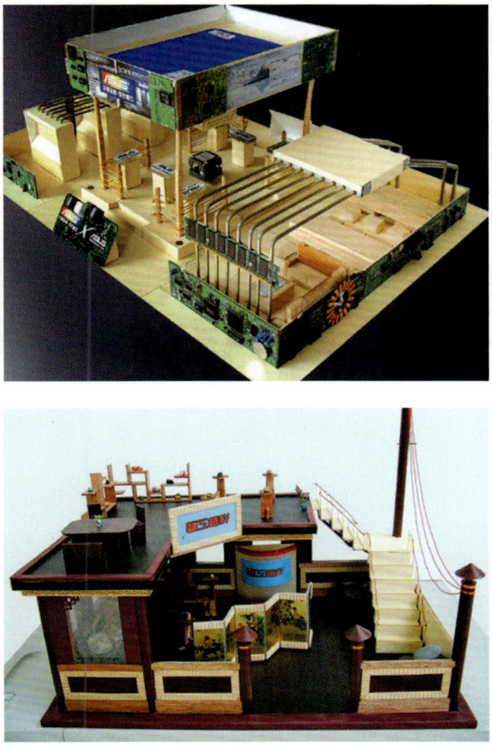

由综合材料构成的学生作品

建筑中的综合形态构成增强了视觉的层次感

多种方式搭配的立体形态构成增加了服饰的趣味性

拓展训练

1.从生活中寻找有趣的物态，运用块立体分割造型的方法制作一个拟态造型。

2.以圆柱体为基本形态，运用块立体分割造型的方法，创意制作5—10种椅子造型，并结合一套二维图形装饰，形成一套作品。

3.创造两个基本形态作为展柜的单体，然后组合出5种不同的积聚造型。

4.从生活中寻找现有物体作为材料，组合一套服装造型。

案例展示

生活中处处都可以找到各种不同的块体组合形式，它们有着不同的功能属性和不同的视觉美感

思维拓展 二维图形与块体的结合

抽象几何形体组合的造型结合丰富的图案，增添了很多意趣

展馆墙体是由几何形态与传统图案结合而成的。图案赋予简单形体以丰富的艺术感染力，以此传递着传统文化

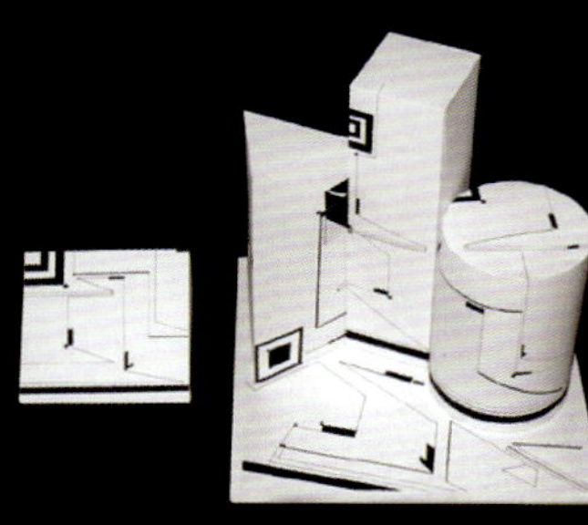

这种二维图案与几何形体的结合可以运用在更多的设计上面，创造特别的视觉效果，传递特定的信息

节日的彩灯创造性地利用瓷盘和瓷碗积聚组合形成龙的造型，根据图形需要选用不同的颜色。这种方法在灯会的彩灯设计制作中很常见，适合做大的造型

废物利用的创意组合

单位形态积聚形成椅子。这种方法可以把废旧的生活用品再次利用，组合成新的物品，节约资源

由一个物态或场景产生的形态提炼

千姿百态的糕点造型

形态的提炼和块体概括

案例展示

室内设计中的块体构成

方形块体的重复构成产生秩序美，在家居中形成稳定和谐的心理感受

大小不同的方块形态的家具以高低错落的方式组合，与方形的室内空间产生和谐、有节奏的秩序美，对室内动静空间的划分起到了辅助作用

方块形态的书柜形成小空间。方块外的大空间提供置物和人活动的空间。方块的书柜、柱状的灯和曲面的桌营造出活跃、和谐的空间氛围

家具设计中的块体构成

蜂窝状结构的块体积聚形成椅子造型。这种结构在家具设计、建筑设计、展示设计、产品设计中都有运用，是一种非常稳固的结构，可以很好地节约空间

运用分割再组合的方法设计的沙发，既有情趣又很和谐，通过材质的对比演绎形态美

运用中心组团式积聚构成的沙发，具有沙发和床的多重功能，既有可变性，又增强了趣味性

不同材质和纹理的方块形态组合成凳子

花瓣形体的多重积聚形成可爱的沙发，更具弹性和可塑性

工业产品设计中的块体构成

以柱体为基本形态的茶具造型

以六面体为基础形态的手机造型

若干个纺锤体中心组团式积聚形成的灯具造型

由具有肌理的多面体材质轴式积聚组合成的灯具造型

由多面体盒子纵向组合成的纳物盒，既活跃又具整体性

以球体切割方式设计的灯具造型

结合花瓣形态，以球体切割方式设计的盘子造型

建筑设计中的块体构成

对六面体进行切割的建筑造型

不同大小的长方体插接组合构成建筑，产生错落有致的节奏感

相同形态的几何体建筑组合成建筑群，产生秩序美

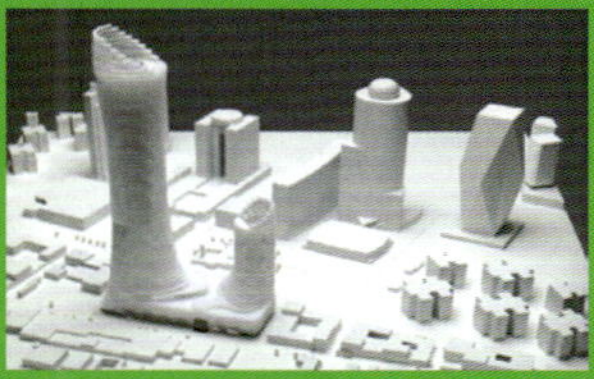

以几何形为基础形态的造型

切割六面体产生新的子形态，将其运用到现代建筑中，通过材质的变化产生不同的视觉效果

对柱体进行扭曲形成的建筑造型

服装设计中的块体构成

二维图案与服饰的巧妙搭配，形成独特的装饰风格

运用锥体和柱体的形态特点设计的服装造型

运用球体积聚形成服装面料，产生肌理的质感

以柱体形态扭曲设计的服装造型

柱体形态在服装上的组合造型，产生流动的线条美

包装设计中的块体构成

酒具造型是柱体和球体的结合，包装盒是对长方体的分割与组合

酒瓶造型源于对柱体的分割和模拟企鹅的形态

展示设计中的块体构成

通过对正形体（实体）分割产生负形体空间

块体交叉形成自由的小空间，提供灵活的物品展示空间

块体的层叠组合形成的多重展示空间